CONTATO COM GUIAS ESPIRITUAIS

Pequeno manual de canalização

Celina Fioravanti

CONTATO COM GUIAS ESPIRITUAIS

Pequeno manual de canalização

EDITORA PENSAMENTO
São Paulo

Edição	Ano
2-3-4-5-6-7-8-9-10	98-99-00

EDITORA PENSAMENTO LTDA.
Rua Dr. Mário Vicente, 374 — 04270-000 — São Paulo, SP
Fone: 272-1399 — Fax: 272-4770
E-mail: pensamento@snet.com.br
http://www.pensamento-cultrix.com.br

Impresso em nossas oficinas gráficas.

AOS MESTRES DAS LINHAS ESCRITAS,
Obrigada.

SUMÁRIO

Introdução

Este trabalho tem origem numa apostila preparada para um curso de canalização que ministrei em 1991 e repeti nos anos seguintes. Ao preparar o texto que entregaria aos alunos, percebi que seria bastante simples, seguindo as orientações descritas, desenvolver um bem-sucedido trabalho de canalização de forma individual, mesmo sem ter um instrutor presente. Ampliei e completei o texto de modo que, até os que nunca tiveram nenhuma experiência com espíritos, pudessem tentar esse tipo de contato, sem temores ou problemas.

Tudo que está no texto do livro é, portanto, produto da experiência real de quem está acostumada a canalizar e que já passou suas técnicas a muitos canalizadores bem-sucedidos.

Os médiuns ativos, que participaram dos meus cursos, ainda que naturalmente dotados da capacidade de fazer contatos espirituais, me relataram sentir uma melhora significativa nas suas atividades, depois que passaram a executar os exercícios sugeridos, principalmente com relação à sua condição física após os trabalhos. Os que já estão acostumados com os contatos espirituais também encontrarão neste livro algumas sugestões interessantes e alguns pontos para pensar.

A canalização recompensa sempre. Cada pessoa encontrará nela uma fonte pessoal de alegrias. Uns recebem a medicina espiritual, outros sentem inspiração artística ou aumento da criatividade. Há os que são felizes por contactar guias e mestres de valor, existem pessoas que se sentem ligadas a antepassados que nem sequer conheceram, bem como os que recebem a proteção e a coragem dos seres angelicais. Não esquecer também a possibilidade de canalizar e receber mensagens de seres do espaço, cujas mentes estão num plano diverso do nosso.

Quando o mundo espiritual entra na nossa vida diária, nossos passos tornam-se mais firmes, não sofremos tanto com as adversidades da vida, nem tememos o futuro. Aos poucos percebemos que o mundo físico é apenas mais um campo de atuação e que ele pode ser bem diferente quando queremos nos aperfeiçoar com a ajuda dos seres que vivem em outros planos.

Mesmo que você ache que não tem nenhuma capacidade para esse tipo de contato, logo verá que possui dons que não conhecia. Se for esse o seu caminho, desde o início sentirá uma grande sintonia com as atividades propostas e resultados internos que confirmarão que está na direção certa. Lembre-se, porém, que não é por ser fácil que a trilha deve ser seguida com descuido. É necessário observar bem onde pisa, avaliando cada fase e o progresso alcançado.

E agora, mãos à obra!

I

O que é canalização

Quando você abre um canal, permitindo que por ele passe, em dupla direção, a energia espiritual, você está canalizando. A canalização é uma atividade que permite fazer um contato dirigido com seres espirituais encarnados ou não. Usando algumas técnicas simples, o canalizador se torna receptivo às vibrações do mundo espiritual, podendo perceber, em estado de lucidez, todo o processo que vivencia.

A canalização é uma atividade mediúnica e para praticá-la não se precisa ser membro de nenhuma seita ou religião, embora seja uma condição evidente a crença na existência de outras formas de vida que não a material e aceitar que há vida após a morte e, talvez, reencarnação. Em resumo, é preciso acreditar que os espíritos existem e que podem ser contactados.

Normalmente a comunicação se dá entre seres espirituais de qualidades muito afins, por isso é sempre uma experiência maravilhosa para os homens de espírito evoluído o contato espiritual através da canalização.

Não é nada difícil nem espetacular a tarefa de um médium canalizador e todas as pessoas podem fazê-lo, pois estão dotadas da capacidade necessária para tal. Isso não significa, porém, que é algo a ser feito sem responsabilidade. Está claro que a canalização tem suas normas, como tem que haver em qualquer atividade espiritual bem executada, para que se possam prevenir resultados indesejados.

A grande chave da canalização é manter durante a atividade a completa consciência do que se passa, podendo atuar em acordo com o ser contactado, mas estando capacitado a exercer o livre-arbítrio. Talvez seja essa qualidade de estar lúcido e dono da vontade que esteja atraindo cada vez mais pessoas para a canalização, como opção de atividade mediúnica. É bom saber que podemos ter nossas faculdades intelectuais aumentadas e ao mesmo tempo poder exercer sobre elas o mais completo domínio. Dá muita tranqüilidade saber que podemos fazer um contato com espíritos e não precisamos desmaiar nem sofrer nenhum tipo de transe, podendo aproveitar a experiência integralmente.

Aos que ainda não têm nenhum conhecimento do que é canalização, vou dar alguns exemplos, pessoais e de alunos meus, sobre como a canalização pode atuar em nossa vida de forma positiva.

Desde que comecei a escrever profissionalmente, em 1988, eu já canalizava. Era de uma maneira muito pouco determinada, mas fazia regularmente os exercícios preparatórios e os mais avançados. Algumas técnicas me acalmavam bastante. Eu me sentia motivada a executar meus afazeres depois que abria os canais. Muito embora estivesse insistindo e perseverando, nada me acontecia de diferente. Não ouvia sons, não percebia movimentos ou figuras.

Apesar disso, eu continuava, porque me sentia extremamente bem disposta depois das atividades. Geralmente praticava cedo, lá pelas seis da manhã, e depois ia escrever por uma ou duas horas. Normalmente escrevo algumas laudas e, antes de parar, releio o que escrevi, fazendo alguns acréscimos e correções.

Um dia percebi, ao reler o texto que havia acabado de escrever, todo um parágrafo que não me lembrava de ter escrito, quer dizer, não podia me lembrar de haver pensado em escrever aquilo. O mais interessante é que era muito adequado e complementava bem o assunto do qual eu tratava. Isso se repetiu algumas vezes, até que me dei conta de que na verdade não era eu quem escrevia mentalmente aqueles parágrafos "intrusos", eu era apenas o meio físico para a idéia se manifestar.

Foi uma sensação maravilhosa sentir que havia sido ajudada por alguém que eu estava esperando tão ansiosamente contactar. Pedi muito que ele se identificasse, mas não houve nenhum tipo de contato, a não ser mais e mais ajuda nos textos que eu redigia.

Continuei com os exercícios e muitas vezes recebia idéias para textos inteiros, não apenas um parágrafo, como de início. Mas nada de saber quem era meu espírito guia. Uma noite, sonhando que estava escrevendo, eles fizeram contato comigo durante o sono e me pediram para chamá-los de MESTRES DAS LINHAS ESCRITAS, pois eram vários os que me assistiam. Talvez seja por isso que escrevo sobre temas tão variados. Agora sei que não escrevo sozinha e que muito do que faço devo a esses seres de luz, que não vejo, não escuto, mas que sempre estão comigo na hora da criação.

A canalização é assim. Ela atua e serve para atrair os seres espirituais, sem que sejamos objeto de alterações físicas muito fortes, e ela pode ocorrer sem que tenhamos uma grande percepção física do que está acontecendo. No meu caso, os espíritos chegam, trabalham comigo, dando boas idéias, mas quase não me alteram o comportamento, pois minhas sensações são muito suaves.

Outro caso, que vou relatar, aconteceu com um aluno meu, um senhor muito piedoso que participou do primeiro curso que ministrei. Ele foi tentar a canalização porque se via compelido a ajudar seu semelhante, mas não sabia por onde começar. Quando ouviu falar do curso, resolveu aprender o processo para encontrar seu verdadeiro caminho, pois sentia muito intensamente que deveria ter uma missão a cumprir. Apesar de ser um industrial bem-sucedido, não se sentia completo.

Ele não levou muito tempo para ser contactado por um ser espiritual, que lhe desvendou um dom de cura inato, que ele negava conscientemente e do qual até sentia vergonha, pois era filho de uma senhora que também havia sido dotada desse tipo de poder. Como desde pequeno viu sua mãe benzer crianças, animais e doentes de todo tipo, mas nunca foi instruído por ela a respeito dessas capacidades, passou a se sentir envergonhado quando alguém dizia que era "filho da benzedeira". Tomou tal aversão às atividades maternas, que passou a descrer totalmente do que via. É claro que ele apenas conscientemente não acreditava, pois era doloroso acreditar em algo que lhe causava desagrado ou que não podia compreender. No seu íntimo devia haver, pelo contrário, uma enorme afinidade, pois esse dom costuma se repetir em muitas gerações e reencarnações. Ao crescer, ele continuou a negar o dom da mãe e chegou, mais tarde, enriquecendo, até a proibi-la de se dedicar à sua tarefa de benzer.

Com a morte da mãe, anos depois, ele abandonou completamente o assunto e só voltou a lembrar depois de receber, pela canalização, a mensagem do guia. Como havia muita negação interna para o trabalho, esse senhor precisou de algum tempo e muita ligação com seu espírito guia, que se encarregou de instruí-lo para sua tarefa, antes de poder cumprir sua missão de curador. Hoje ele é bastante procurado por todo tipo de pessoas, com os mais diversos males físicos, a quem ajuda de forma dedicada e consciente, com a colaboração de seu Mestre. Embora seu trabalho seja totalmente diverso do que sua mãe executava, dentre todos os filhos, ele havia sido, desde sua concepção, o escolhido para receber o dom materno.

Outro fato muito interessante, aconteceu com um rapaz que me foi levado por sua namorada para uma consulta de Tarô. Ela me pediu para atendê-lo e ver nas cartas se havia algum futuro para esse moço, pois ele estava num momento em que tudo o que fazia dava errado. Quando faltavam seis meses para completar seu curso universitário, ele abandonara os estudos, o que fez seus pais cortarem todo e qualquer tipo de ajuda ou diálogo com o rapaz. Abrira um negócio para tentar algo novo, mas não deu certo e estava cheio de dívidas, tendo já perdido o carro.

Ao sentar-se na minha frente, ele disse de imediato que achava tudo isso de espiritualidade uma grande bobagem e fantasia que as pessoas usavam para se iludir, só tinha vindo para satisfazer a moça, pois não desejava perdê-la também. Respondi que ele apenas tinha medo de acreditar, o que costuma ser verdade quando alguém diz que não acredita no que nem sequer conhece. Depois de terminar a consulta, já estávamos quase amigos.

Para mim ficou evidente que ele havia sido objeto de uma obsessão espiritual. Propus, então, algumas sessões de desobsessão, para um trabalho de doutrinamento espiritual. Ele concordou e durante dois meses veio semanalmente trabalhar suas energias. Neste tempo, usando algumas técnicas de canalização, fizemos muitos progressos, nascendo nele uma fé muito interessante no seu anjo da guarda, com quem acabou conseguindo se comunicar.

Descobri que ele tinha algumas gerações de maçons na família, mas não acreditava no mundo espiritual porque alguns membros da família, maçons, viviam muito fora das normas morais que pregavam externamente. Veio daí sua descrença e desprezo pelo que era alimento do espírito, pois como compreender certas atitudes que via, com leis morais e espirituais não respeitadas?

Quando terminamos o trabalho, ele estava muito bem e cheio de planos. Como acontece, felizmente, com os que ficam com sua energia espiritual purificada, ele foi cuidar da sua vida e desapareceu. Só voltei a vê-lo depois de onze meses, quando veio me contar que estava terminando o semestre que faltava na faculdade e que estava empregado. Aquele moço é, agora, um homem de muita fé e que aos poucos, com a ajuda do seu guia, segue seu caminho. Ele está desligado de uma atividade espiritual constante, pois ainda tem muitas coisas a fazer, como estudar e se tornar independente dos pais, mas tenho certeza que mais tarde será, ele próprio, um orientador espiritual muito poderoso.

Junto com os exemplos citados, que são uma amostra da validade da canalização, teríamos muito mais a relatar. São casos de pessoas que puderam estabelecer contato com seus antepassados, recebendo deles força e amor. Há os que foram encorajados e bem-orientados por ligação com seres angelicais e que viveram alegrias maravilhosas em outros reinos, não físicos. Pessoas que foram agraciadas com ensinamentos de Mestres ou que receberam a cura pela medicina espiritual.

A canalização também mostrou ser muito útil quando ajuda a não sofrer tanto nos momentos de adversidade, pois expande nossa percepção e altera nossos valores dentro do mundo físico. E como não nos sentirmos felizes quando recebemos orientação, ajuda e desenvolvimento dos dons que já possuímos, mas não sabemos como utilizar?

A alegria de poder contactar e receber benefícios do mundo espiritual, sem deixar de ser livre para continuar a ser a mesma pessoa, embora que aprimorada, é uma grande vantagem que recomenda a canalização e faz dela uma arma poderosa para as pessoas de bem poderem ajudar a si e aos seus semelhantes.

Quem canaliza sente de imediato um desdobramento das suas capacidades naturais, adquirindo poderes que não conhecia. Podem ser capacidades físicas, como espirituais. De qualquer maneira, todos que canalizam sofrem uma transformação consciente, aprimoram seus recursos naturais, obtendo deles o máximo proveito possível.

Uma grande vantagem da canalização, como é proposta neste livro, está na sua característica de atividade individual, onde o ritmo pessoal e a dedicação são os únicos fatores determinantes do sucesso de cada um. Você pode ter a certeza de um resultado de acordo com sua aplicação. Muitas vezes, excelentes médiuns se afastam do trabalho espiritual porque não têm a sorte de se encaixar, já de início, num grupo que evolui e leva sua atividade a sério. Alguns grupos, ainda que bem-intencionados, deixam que problemas práticos ou pessoais dos seus membros interfiram no desenvolvimento. Outras vezes, a inveja ou o ciúme pelo sucesso alcançado por algum componente acaba envenenando o grupo todo. Isso é comum em todo tipo de atividade grupal. Aquele que trabalha só, como sugerimos no nosso esquema de trabalho, está a salvo dessas complicações.

Assim como há pessoas boas e más no mundo físico, as há da mesma forma no mundo dos espíritos. A canalização fornece armas e defesas para que não se trabalhe com os espíritos sem luz. Por isso é tão raro, para os que seguem as corretas fases da canalização, acontecer de se envolver ou ser prejudicado por espíritos inferiores. Na canalização mantemos o controle todo o tempo, sem deixar que aconteça algo que não desejamos. Nós fazemos o que queremos, com quem queremos. Podemos controlar nossos relacionamentos.

A assistência dos guias espirituais contactados pela canalização será fundamental, pois as modificações internas que ocorrerão durante os períodos de contato terão uma base bem-estruturada. Um canalizador amparado por seus guias sempre muda para melhor, e quando alguém muda, todo o mundo em volta dele muda também. A canalização não irá resolver seus problemas, mas direcionará suas ações mais sabiamente. Logo você se encontrará achando saídas e soluções antes não percebidas. As oportunidades podem ser vistas com mais facilidade, os esforços podem ser mais rapidamente recompensados.

A canalização é uma forma de descobrir uma fonte de amor por si próprio e por seus semelhantes. Gostar mais de você mesmo, bem como compreender e amar as outras pessoas, tornará sua vida mais cálida e significativa. O canalizador é uma luz que atrai, por isso a solidão deixa de ser parte da vida de quem desenvolve essa atividade com constância. Acontece mesmo de algumas pessoas encontrarem a metade de sua alma depois que começam a canalizar.

Não confunda a canalização com a visualização criativa, com a neurolingüística, com o pensamento positivo, com qualquer outro tipo de técnica ou método de controle mental. Ela é exatamente o oposto. Os métodos acima relacionados fazem com que a pessoa dirija sua energia mental para um objetivo determinado, conseguindo, pela força do pensamento, alterar algumas condições existentes. A canalização vai pelo caminho inverso. Ela deixa que a grande força divina se encarregue de mostrar qual é nosso caminho. Nós nos abrimos à inesgotável força de Deus e deixamos, com amor e confiança, que ele dirija nossos rumos.

O canalizador agirá, nunca será um indivíduo passivo, pois ele quer produzir, trabalhar e vencer. Mas ele deixará que seus guias lhe indiquem qual a melhor maneira de atuar e esperará confiante que o momento certo chegue, sem atropelar seu semelhante nem passar por cima de todos como um rolo compressor. Certamente que a vida de um canalizador será arrumada, a harmonia e a prosperidade serão alcançadas, mas tudo no seu tempo e com base. De que adianta alguém conseguir o que deseja, mas não poder manter nem usufruir legitimamente do que alcançou?

A canalização é uma atividade para aqueles que consideram a matéria menos importante que o espírito, mas que não a desprezam, pois estão no mundo da matéria por enquanto. Não há segredo nem perigo para o canal bem orientado, aquele que é movido pelo sincero desejo de evolução espiritual.

Pessoas que estavam insatisfeitas com seu trabalho, entediadas com suas atividades, sem encontrar mais nada em comum com seus amigos, que queriam um propósito mais alto e importante para suas vidas, acabaram encontrando as respostas e a alegria através da canalização. Você pode não saber, mas até poderá estar mais preparado do que pensa, caso esteja se sentindo como essas pessoas. Quando se tem uma missão espiritual a cumprir, todas as outras coisas acabam perdendo o significado se você demora muito a se dedicar a ela.

Siga todos os passos indicados e persevere até conseguir seus primeiros contatos. Aí, então, nada neste mundo fará com que você deixe de lado sua atividade de canal.

II

Canalização e mediunidade

Por muito tempo, os homens comuns foram protegidos pelos que conheciam os segredos esotéricos. Evitava-se que pessoas pouco preparadas tivessem acesso a conhecimentos reservados apenas para os iniciados. O saber manteve-se guardado e preservado por séculos, até que a humanidade chegasse ao estágio atual, quando tem necessidade de socorro e já possui a capacidade intelectual para fazer uso correto desses conhecimentos.

Neste momento há um renascimento do interesse pelas coisas do espírito. Todos querem aprender e saber mais. Várias pessoas sentem que têm uma missão, uma tarefa a desempenhar. A pressão é tanta que embaralha os canais receptivos, por vezes. Canalizar é uma forma segura de se evitar contatos espirituais confusos ou assustadores, pois a pessoa se prepara para utilizar seus canais de uma maneira adequada, com segurança.

A capacidade mediúnica é um dom que todo ser humano possui. Depende muito da utilização dessa capacidade em vidas passadas, a possibilidade de fazer um uso pleno dela na vida presente. Quem se envolveu com seres inferiores ou se dedicou a explorar sua mediunidade sem proveito para os semelhantes, ou até mesmo fez uso dela para prejudicar alguém, terá mais dificuldade e precisará trabalhar com mais obstáculos para recuperá-la integralmente hoje. Aí está a lei do karma, a causa e efeito, regendo o trabalho espiritual. Mas isso é outro assunto, o que devemos tratar aqui é da mediunidade, para podermos separar os contatos mediúnicos involuntários dos que são dirigidos.

O médium sabe que não se pode obrigar os seres espirituais evoluídos a fazer contato, usando de nenhum método, pois eles só respondem aos chamados quando a pessoa merece. Já os seres espirituais menos evoluídos respondem mais facilmente, por isso é necessário cuidado para nunca invocá-los. Na canalização o médium se prepara de forma a não permitir a intromissão de espíritos negativos e se dispõe a receber espíritos de luz.

A capacidade mediúnica é independente da natureza moral do médium, que deve trabalhar para ser cada vez mais merecedor de comunicações favoráveis, aperfeiçoando-se sempre na matéria e na alma. Um médium que se abre aos contatos espirituais com bons objetivos será sempre orientado por bons espíritos, mas independe dele o contato.

O canalizador é um médium que se prepara no sentido de evitar a conexão com espíritos sem luz, selecionando com suas posturas de vida o que deseja contactar. Pelo fato de não se permitir o transe, dificilmente o canalizador receberá algum ser espiritual que não deseje. A vigilância sobre os atos diários e pedir constantemente por ajuda de seres superiores faz com que os seres inferiores não possam se aproximar.

Um canalizador é, portanto, um médium; mas nem todo médium é um canalizador. Quando não se mantém a lucidez e se entra em transe, não é costume considerar como canalização. É necessário estabelecer essa diferença de início, para que não se considere a canalização como algo que não seja atividade mediúnica. Ela é uma tarefa de médiuns, mas não funciona como os trabalhos que se desenvolvem nos centros espíritas ou de umbanda, pois eles estão mais envolvidos com a mediunidade aplicada à religião.

A canalização é mais leve, mais intencional e dirigida que o transe mediúnico. Com ela se vai até um certo ponto, o que não acontece com o médium que se entrega sem limitações. Objetiva-se canalizar para obter um tipo de contato que permita receber ajuda e proteção, sem ir a níveis de consciência alterada muito profundos.

O médium canalizador não deve se julgar dono de um poder especial, pois ele apenas está trabalhando uma capacidade comum a todos os seres humanos, um dom recebido de Deus. A modéstia e a simplicidade devem orientar tanto o médium quanto o canalizador.

Um médium, em geral, é alguém definido como sensível às vibrações do mundo espiritual, através do qual manifestações de espíritos podem acontecer, gerando fatos como mensagens e fenômenos físicos. O médium canalizador também tem a sensibilidade para perceber o mundo espiritual, mas é capaz de selecionar a fonte dos contatos, fazendo uma distinção entre o que quer receber e o que não lhe convém contactar.

Em geral a atividade do médium, dentro de um grupo religioso, vai com o tempo tomando rumos definidos pelo reino espiritual, onde ele é considerado um instrumento de recepção, com finalidades definidas. Ele atuará como receptor de mensagens de seres desencarnados, poderá evoluir até ser um médico espiritual, um doutrinador, entre outras funções que lhe sejam destinadas dentro da sua religião. Já a atividade do médium canalizador segue os rumos que ele desejar, pois ele usa seu livre-arbítrio e sensibilidade para sintonizar guias que o ajudem a evoluir em objetivos específicos, por precisar no momento de algum auxílio e orientação. O canalizador pode não se sentir pronto a entregar seu potencial mediúnico a uma causa plena, talvez por imaturidade ou falta de vivência. Muitos canalizadores, com o tempo, tornam-se médiuns a serviço da humanidade, mas isso vem na hora em que já estão preparados para a função que deverão exercer.

Vivemos um momento de grande disputa entre os seres espirituais de baixa vibração, que pretendem dominar as mentes humanas e fazer da Terra seu domínio. O trabalho do canalizador, não permitindo que sua mente seja utilizada por seres negativos, é por si só uma defesa planetária de enorme valor, ainda que individual.

O médium e o canalizador não devem chamar atenção sobre si, nem falar a qualquer um da sua evolução, pois podem não ser bem-compreendidos. Trabalhar com dedicação e insistir até alcançar um bom nível de contato é essencial para receber os benefícios do mundo espiritual. Não desanime se isso demorar a acontecer. Muitas vezes o canalizador pára quando já está quase alcançando seu objetivo. Durante todo o processo de canalização mantenha uma grande discriminação sobre o que sente e vivencia, tomando sempre os cuidados que passaremos adiante.

Nem todos farão contatos com Mestres conhecidos e não espere falar com Jesus ou receber Saint Germain. Esses espíritos estão num nível acima dos instrutores e estão muito ocupados com a humanidade como grupo para poder se dedicar a um indivíduo em particular. Confie que será contactado pelo mais indicado orientador e que o reino espiritual enviará o guia adequado. Nem por isso deixe de exercer seu discernimento nos contatos, testando sempre.

O excesso de entusiasmo pode fazer com que o canalizador fique tentado a fazer muitos e longos períodos de contato com o reino dos espíritos, passando parte de sua vida nessa ligação. Nada que é demais faz bem. Saiba estabelecer um tempo certo para suas atividades, lembrando-se de que sua principal tarefa, neste momento, é aqui, no mundo físico, pois há um trabalho a ser realizado nesta encarnação. Se sentir que está envolvido em excesso, faça uma reflexão e pare por um tempo, pois certamente os resultados serão negativos se insistir em ficar muito ligado só aos espíritos. A canalização não é uma substituição para a vida, mas sim uma motivação maior para vivê-la.

A canalização é um processo criativo, pessoal e totalmente dirigido. Cada canalizador resolve como vai trabalhar e desenvolver seus contatos, sem seguir normas muito definidas, pois deve deixar que sua sensibilidade o oriente. O médium em geral é chamado para a atividade mediúnica por fenômenos que lhe ocorrem involuntariamente. Em ambos, canalizador e médium, o subconsciente é acessado. Na canalização, o contato é estimulado pela abertura dos canais, o que se realiza com exercícios variados. O médium, na maior parte das vezes, entra em transe e perde a consciência, sendo incapaz de recordar mais tarde o que fez. Esse tipo de mediunidade é para alguns assustadora, afastando excelentes médiuns de uma atividade espiritual importante para ele e para seus semelhantes. Talvez a canalização seja a saída para os médiuns que desejam contatos espirituais menos intensos, sem se sentir dominados por forças alheias às suas.

A canalização independe de grupos, pois não se precisa participar de um grupo para poder tentar o contato com os espíritos. Sabemos que num trabalho grupal o indivíduo está mais protegido, pois é assistido por médiuns experientes, mas acreditamos que se a canalização é executada com certos cuidados, os problemas podem ser evitados da mesma maneira. Não ter a obrigação de horário, nem de local, pode fazer com que se aprecie mais a atividade mediúnica individual. Além disso, a evolução tende a ser mais natural num trabalho pessoal, pois num grupo é preciso esperar pela evolução de todos, e sabemos que cada canalizador tem seu progresso próprio. Nada impede, porém, que, se assim for desejado, um grupo de canalizadores decida desenvolver-se em comum, dando ao trabalho essa característica.

Um médium sente a presença de um espírito através de seus sentidos e é comum ouvir sons, ver figuras, perceber a presença com o tato, receber mensagens faladas ou escritas, sentir inspiração para desenhar, pintar ou compor música. O canalizador também vai ter o mesmo tipo de percepção, mas ele poderá apenas reagir de uma maneira mais suave. Poderá acontecer que de início ele nem sinta que algumas coisas que faz ou produz são fruto da suave influência espiritual que está recebendo.

As comunicações espirituais possuem duas categorias básicas, tanto para os médiuns em geral como para os canalizadores. A primeira são os chamados fenômenos físicos, que são movimentos, barulhos, objetos que caem, todo tipo de percepção sensorial. A segunda é chamada de comunicação inteligente. Nesta há uma transmissão mental, o médium recebe pensamentos e idéias, que lhe surgem por meio de palavras escritas ou por sinais. De qualquer maneira, é bom estar consciente de que um espírito contactado só é capaz de transmitir aquilo que sabe, pelo seu grau de evolução, e que só dirá o que está autorizado a revelar.

Ao canalizador interessam mais as manifestações inteligentes, pois ele está objetivando trabalhar, através da espiritualidade, sua evolução e karma. Os efeitos físicos, por serem mais intensos e nem sempre acrescentarem à pessoa, podem acontecer ao canalizador, mas são mais raros e costumam surgir de forma suave no início, nas primeiras fases, como que para incentivar a continuidade da canalização.

Médiuns e canalizadores devem ter sempre em mente que, apesar dos benefícios pessoais que irão receber nas atividades espirituais, antes de tudo ainda está o dever de ser caridoso e de usar qualquer dom que se desenvolva para ajudar o semelhante que sofre. Nunca deixe, portanto, de fazer uso das suas capacidades mediúnicas quando elas puderem ser usadas para servir ao seu irmão.

A canalização pode ser, quanto à forma, consciente e inconsciente. Quando ela é consciente, a pessoa está certa de que recebe um contato e está servindo de canal para uma mente alheia à sua. As sensações físicas podem ou não ser fortes, mas há uma plena certeza de que não se está agindo só. O resultado do que se faz durante a canalização é sempre mais satisfatório do que o que seria normalmente obtido pela pessoa. Por isso, na canalização consciente, o indivíduo sente sua capacidade expandir e faz uso de meios que antes não poderia utilizar. Outra característica, que mostra a presença de um guia, é a maior disposição e vigor durante o processo. A pessoa não sente cansaço e embora trabalhe o dobro do que seria o normal, não quer parar antes de dar a tarefa por concluída.

Na canalização inconsciente o indivíduo apenas percebe que canalizou quando analisa o resultado do que fez e percebe que está acima do que era sua característica. Se o médium canalizador estiver nas primeiras tentativas, pode ser incentivado sem que note, através de uma energia protetora e estimulante. Dessa forma, sem saber, mas já canalizando, ele é conduzido a progressos cada vez mais evidentes. Mesmo os médiuns canalizadores experientes podem relatar acontecimentos ocorridos durante uma canalização inconsciente, pois os espíritos guiam e protegem sem serem esperados.

Os estados de transe são mais característicos dos médiuns que trabalham em grupos e dedicam-se a atividades religiosas. O transe vai permitir a manifestação de entidades do culto, a fim de que os trabalhos evoluam. Em geral, o transe é desgastante para o corpo físico e pode assustar aos leigos. Contudo, parece haver alguns tipos de espíritos que apenas se manifestam dessa forma.

Uma conexão consciente, através da canalização, é muito satisfatória pelos resultados efetivos que o canalizador experimenta. Alguns médiuns que costumavam receber espíritos em transe passaram a canalizar, como forma de poupar o veículo físico, que sentiam muito desgastado depois de uma atividade mediúnica onde experimentavam o transe. Essa substituição não quer dizer que eles tenham abandonado sua fé e religião, pois continuam a fazer parte do grupo ao qual pertenciam. Apenas passam a evitar o transe por períodos, enquanto se refazem.

Toda pessoa que se dedica por anos a fio ao trabalho espiritual sabe que há momentos em que é necessário fazer uma pausa para cuidar de si próprio, refazer-se antes de continuar. Para os que estão nessa fase de pausa, a canalização é um meio de não cortar de todo sua ligação com o mundo espiritual.

Canalizar envolve a movimentação de uma grande quantidade de energia espiritual, pois é um enorme esforço para algumas entidades do plano espiritual realizar seu trabalho no mundo material. Para conseguir isso, os espíritos precisam ampliar suas vibrações a um nível de expansão que lhes é, muitas vezes, difícil. Nessa conexão é preciso ser hábil a ponto de conseguir trabalhar a energia em níveis sutis e refinados. Essa habilidade exige muita dedicação e esforço da parte deles também. Por isso, devemos sempre ter consciência de que é um serviço altruísta e motivado pelo amor deles à humanidade. Em vez de estar sempre desejando mais e mais manifestações, tratemos de aproveitar ao máximo tudo que recebemos de nossos guias. Mesmo que nos pareça pouco, será na medida exata daquilo que merecemos e necessitamos.

III

Tipos de guias espirituais

A canalização permite o discernimento quanto à qualidade espiritual do ser que é contactado. O canalizador está apto a cortar qualquer ligação que aconteça com seres negativos e prejudiciais. Contudo, nem sempre se pode determinar qual guia nos será designado no reino espiritual como orientador. Vamos certamente conectar um guia em acordo com nossa evolução, capaz de acrescentar valorosos ensinamentos e ajudar até materialmente em nossa vida. Por isso, quanto mais correto e preocupado está o canalizador em ter uma existência pura e sadia, mais apto estará ele a ser orientado por um ser de grande luz. O semelhante atrai o semelhante, lembre-se sempre.

Quando se inicia o trabalho de canalização, podemos sentir insegurança quanto ao tipo de contato que poderá nos acontecer. Talvez ajude a tranqüilizar se você conhecer os tipos de guias que mais comumente se contacta. Há tantas variedades de espíritos quanto há de homens. Mas há também espíritos de origem não humana, como os seres planetários e os da natureza. Os anjos são outra qualidade de espírito importante que podem ser canalizados com certa facilidade, principalmente seu anjo da guarda.

A matéria não é um obstáculo aos espíritos, eles podem penetrar a água, o ar, a terra e até mesmo o fogo. Eles podem tomar a forma que desejam, sendo visíveis e muitas vezes palpáveis.

Há muitos lugares de onde seu guia poderá ter vindo. Nem sempre os seres contactados pertencem à nossa galáxia, mas a grande maioria dos espíritos guias já encarnou na Terra pelo menos uma vez, pois certamente será mais fácil para um homem sintonizar e compreender uma entidade que está habituada aos seres humanos.

À medida que um espírito evolui, ele se purifica e se eleva dentro da hierarquia espiritual, passando a atuar em atividades cada vez mais importantes. Nessa transição costumam ocorrer ao espírito alterações, com mudança das características de sua personalidade anterior. Essas alterações fazem com que a nova personalidade se desapegue do nome, que passa a ter pouca importância para a entidade. Talvez isso explique o porquê de vários espíritos guias não apresentarem um nome pelo qual possam ser identificados.

Como o mais valioso que se pode conseguir com os contatos espirituais são os ensinamentos, às vezes recebemos assistência de mais de um espírito. Sendo todos eles entidades de uma mesma categoria e com semelhante grau de evolução, podemos nem chegar a perceber que são mais de um aqueles que nos contactam.

Os seres espirituais humanos com quem se faz contato não precisam estar necessariamente desencarnados, embora a maioria o seja. É perfeitamente possível receber uma comunicação espiritual, com visão, inclusive, de um espírito de um homem vivo, em projeção astral (viagem fora do corpo), embora isso seja menos comum na canalização. Essa qualidade de contato é mais comum durante o sono.

De acordo com a doutrina espírita, podem-se admitir três categorias de espíritos, segundo sua evolução no mundo espiritual. Os mais evoluídos são chamados de espíritos puros, pois alcançaram a mais completa perfeição: são os superiores na hierarquia espiritual. Outros, bastante evoluídos, mas sem ainda haver terminado seu trabalho, são chamados de espíritos bons. Esses já conseguem desprezar a matéria e trabalham para o bem. Os espíritos que ainda valorizam muito a matéria e possuem inclinação para o mal são chamados de espíritos imperfeitos.

Da categoria dos espíritos humanos desencarnados, costumamos fazer contato com certa facilidade com membros familiares, amigos, vizinhos, colegas de trabalho. Alguns espíritos que passaram por experiências semelhantes às que estamos vivenciando em nossa existência também podem surgir em períodos, principalmente nos críticos, para dar suporte e ajuda.

Os espíritos muito evoluídos, de uma categoria iluminada, raramente aparecem para os canalizadores, pois estão encarregados de zelar espiritualmente pela humanidade como um todo. Eles costumam mandar suas mensagens através de instrutores especialmente treinados para essa tarefa.

Como os homens, os quais nem todos se dedicam a atividades espirituais, também os espíritos nem todos escolhem a tarefa de guias. Viver no mundo espiritual e vir ao mundo material requer a maestria em várias capacidades extrafísicas, como o domínio das polaridades, um alto grau de controle sobre as emoções e a mente, além da perícia do controle energético. Nem todos os espíritos possuem essas qualidades desenvolvidas.

Os anjos são facilmente canalizados, principalmente Miguel, Rafael e o anjo da guarda pessoal. Eles sempre atendem aos apelos e ajudam aos canalizadores, embora nem sempre possam ser percebidos.

As entidades podem vir de diferentes dimensões e realidades, podem estar em diferentes estágios na sua evolução pessoal, podem ter formas variadas e não ter a mesma maneira de se comunicar. Por isso, classificar e dividir os espíritos em categorias seria temerário. Tantos já se aventuraram a fazê-lo e tantas classificações existem, que optamos apenas por citar as entidades espirituais que são mais comuns para os canalizadores:

Mestres instrutores

Sob esta designação o espiritualismo coloca os seres iluminados, aqueles que em suas vidas se realizaram e evoluíram até não precisar mais reencarnar, salvo o desejem. São seres de muita luz, capazes de guiar a humanidade e que trabalham incessantemente para isso. Muitos afirmam que cada pessoa tem apenas um mestre instrutor, que é responsável pela sua orientação e que lhe dá as linhas gerais de conduta. Por exemplo, quem tem um mestre instrutor oriental, em geral lê sobre o budismo, identifica-se com tudo que é zen e adora comida japonesa. Já outra pessoa pode ter um mestre celta e sem saber por que acaba se identificando com livros sobre magia e runas. De qualquer maneira, o mestre cuida da evolução do seu discípulo e ajuda no seu crescimento espiritual, sem se dedicar apenas a uma pessoa, pois ele está encarregado de um grupo bastante grande de indivíduos. Não espere, por isso, canalizar seu mestre diretamente, com freqüência. Em geral sua influência será mais no sentido de dirigi-lo para os lugares certos, nas horas certas, fazendo com que receba as instruções certas. Ele poderá lhe enviar mensageiros em seu lugar, para realizar um contato que ele não pode fazer no momento.

Médicos espirituais

Os seres espirituais que possuem a capacidade de curar, que trabalham entre os homens para restaurar a saúde de doentes são contactados com certa facilidade. São espíritos muito ocupados, mas que nunca negam auxílio a quem o necessita. Além de restabelecer a saúde, eles restauram a confiança e a vontade de lutar, dando nova energia a quem não está se sentindo com vontade de viver. Esses espíritos em geral foram médicos ou estiveram de alguma forma envolvidos com a medicina quando passaram pelo mundo físico, daí vem toda sua sabedoria e conhecimento do organismo humano. Muitos revelam sua identidade aos médiuns que os incorporam, atraindo pelas curas prodigiosas que realizam quando assim trabalham. É possível receber a cura através desses médicos pela canalização, sem ficar em transe. Alguns centros espíritas possuem esse tipo de trabalho e ele é realmente efetivo. Um canalizador pode a qualquer momento invocar a ajuda de um espírito dessa natureza para seu socorro ou para auxiliar no tratamento de quem padece de uma doença física. Esse espírito, quando invocado, costuma responder prontamente, se alguém está com dor ou em risco de vida.

Professores espirituais

Esses espíritos guia não possuem a mesma qualidade de um mestre instrutor, mas estão capacitados a transmitir a quem os canaliza toda sua sabedoria, que receberam de um mestre. Esses professores são guias espirituais que se encarregam de poucos homens, de quem se tornam responsáveis pela evolução espiritual e intelectual, assistindo-os nos seus estudos e ajudando-os a crescer. Os jovens estudantes, em idade escolar, podem ser ajudados por esse tipo de guia, pois ele sabe que antes de terem tempo para aprender sobre a espiritualidade é preciso adquirir uma certa cultura geral. Mais tarde ele despertará em seu discípulo o interesse pela filosofia, psicologia e toda série de estudos que o levarão a evoluir, seja na vida espiritual, seja na sua carreira profissional. Quando se invoca um professor espiritual, ele ajudará prontamente, clareando a mente e abrindo os caminhos para o estudante. Não adianta, porém, apenas chamar o espírito e ir dormir; é necessário que exista um trabalho que torne o estudante merecedor dos favores, senão perde-se a ajuda. Um professor espiritual jamais ajudaria um aluno relaxado e preguiçoso. Um cientista ou um engenheiro, pessoas que apreciam mais o pensamento racional e que costumam ser pouco intuitivos também receberão dele toda a aptidão para adquirir os conhecimentos que utilizarão. O professor espiritual não lida só com os que estudam sobre a espiritualidade.

Espíritos químicos

Essa qualidade de espírito tem a atribuição de trabalhar as estruturas químicas de nosso corpo físico, podendo atuar em muitas áreas. Ele pode acelerar ou diminuir nosso metabolismo, pode acrescentar elementos químicos ao nosso cérebro, ativando a produção de certas substâncias pelas glândulas. A intuição e a percepção extra-sensorial ainda não foram bem estudadas do ponto de vista orgânico, mas os espíritos químicos sabem bem como manipulá-las. Através da canalização podemos pedir que esses espíritos realizem as transmutações químicas necessárias no nosso corpo, de modo a ter mais facilidade na nossa evolução espiritual, com acréscimo dos poderes paranormais. O resultado será mais facilidade para sintonizar o mundo espiritual e mais capacidade de perceber todo tipo de vibrações sutis. Pessoas com certo tipo de problemas de difícil solução na medicina tradicional, como a obesidade, a depressão e a alergia, são socorridas por essa classe de espíritos.

Espíritos protetores

Esses espíritos são guias capazes de nos fazer escapar do perigo no mundo físico, pois quando invocados num momento de dificuldade, usam sua grande força e poder para afastar o mal que nos ameaça. Eles não têm a mesma atribuição que o anjo da guarda, pois estão preparados para a hora de um acidente ou de uma ameaça à vida física e usam da força física para evitar o resultado. Muitas pessoas que foram ajudadas por esses espíritos relatam haver visto um grande homem, com uma considerável força, agindo, ou mesmo um enorme animal, ainda que inexistente, como o dragão, que agiu em seu socorro. Outros relataram ter sido possuídos momentaneamente pelo espírito, adquirindo na hora da emergência uma força prodigiosa, como é o caso do pai que foi capaz de levantar um automóvel para resgatar seu filho, preso nas ferragens. São seres que aparecem quando é necessário o uso da força física.

Espírito de apoio

São assim chamados os espíritos guias que dão suporte às atividades espirituais. Muitas vezes somos rodeados por um número grande deles, de acordo com a atividade espiritual que está sendo desenvolvida. Eles ampliam nossas capacidades e aumentam nossa percepção. Ajudam-nos a encontrar o livro e o lugar certo, dão algumas pequenas mensagens úteis, despertam alguns lampejos de intuição em momentos que estamos desligados, chamam outros espíritos que podem colaborar na evolução. Essa categoria de espíritos é sempre ativa e está constantemente ao redor das pessoas que estão atuantes. Os espíritos de apoio são os maiores responsáveis pelas portas que se abrem no nosso caminho. Eles são especialistas em limpar a área, facilitando tudo. Pode-se chamá-los de espíritos da sorte e contar cada vez mais com sua inestimável ajuda a partir do momento que iniciar a tarefa de canalizador.

Espíritos zeladores

Quando se inicia a atividade de canalização, normalmente um desses espíritos nos é designado. Os zeladores são os responsáveis por evitar ao máximo nosso contato com os seres sem luz. Eles agem de modo a guardar nossa atividade e limpar o ambiente onde se processa a canalização, ficando durante todo o processo muito atentos à segurança dos trabalhos. Algumas pessoas chamam-nos de "porteiros", pois eles ficam impedindo que a entrada do local onde se atua seja aberta a seres inferiores. Caso aconteça um transe, esses espíritos amparam o médium até o retorno da consciência, para que seu corpo físico não sofra nenhuma agressão. Quando invocamos um espírito zelador, ele será capaz de ajudar a selecionar todo tipo de energia negativa no ambiente que se está. Por vezes esse espírito nos avisa do perigo, provocando alguma sensação de aversão, como o arrepio que sentimos perto de algumas pessoas.

Espíritos familiares

Essa categoria de espíritos será tratada num capítulo à parte pela importância que tem para nossa evolução espiritual, pois além do nosso karma pessoal, muitas vezes carregamos um grande karma familiar, do qual precisamos ter consciência, para poder resgatá-lo da mesma forma que devemos resgatar o karma individual. Alguns espíritos familiares são positivos, outros não. A canalização permite evitar o contato muito próximo com os que não desejamos. Como esses espíritos podem ser tanto positivos como negativos, é muito importante grande discriminação ao contactá-los.

Espíritos angelicais

Também essas entidades espirituais são de enorme importância, merecendo um estudo à parte, pois o contato angelical é uma experiência maravilhosa, que deve ser tentada por todos os que se dedicam à canalização. Os anjos da guarda e os arcanjos podem e devem ser contactados. Para isso vamos descrever, num capítulo adiante, exercícios que facilitam essa ligação, bem como uma atividade específica, com este objetivo.

Espíritos da natureza

O canalizador está muito sintonizado com tudo que está ao seu redor, por isso ele sempre aprecia tudo que está ligado à natureza e vai gostar de saber mais sobre os seus espíritos. A categoria dos espíritos da natureza é muito especial e, pela sua importância, será, da mesma forma que as anteriores, tratada num capítulo à parte.

IV

Como podem ser os contatos

Como nós, os espíritos são energia. Por isso, lembre-se, em primeiro lugar, que sua energia irá contactar uma energia de qualidade muito semelhante a ela. Qualquer fenômeno que ocorra durante a canalização será uma manifestação que está dentro de sua capacidade mediúnica e é por isso mesmo perfeitamente controlável.

Evite idéias fantasiosas a respeito dos contatos espirituais, não espere nada de muito sensacional nem fantástico. As técnicas usadas na canalização trabalham de forma a fazer com que sua natural mediunidade seja explorada aos poucos, por isso você estará consciente e será apto a controlar qualquer manifestação que lhe desagrade. A profundidade, a duração e o tipo de contato variam muito. Cada caso é um caso.

Os espíritos podem se fazer perceber de várias maneiras. Alguns usam símbolos mentais ou visuais para mostrar que estão perto, alguns podem produzir sons como zumbidos, música ou apitos. Outros podem se fazer perceber pelos odores que inesperadamente invadem a sala onde se trabalha. Em geral são perfumes, aromas de plantas ou flores, mas muitas pessoas sentem cheiro de charuto, cachimbo ou cigarro. Pode acontecer de se sentir tocado em alguma parte do seu corpo, até mesmo sacudido. Um tipo de contato como se ouvisse várias pessoas conversando, sem poder distinguir quem e o que falam, pode ser uma indicação de que o ambiente está com vários espíritos, mas que eles estão interessados em outra coisa e que dificilmente haverá naquele instante um contato. As cores ou luzes que de repente parecem inundar o ambiente são uma manifestação da presença de espíritos.

Em geral os contatos iniciais, na canalização, são do tipo acima descritos. Os espíritos indicam sua presença, mas não vão além disso, pois esperam que a pessoa atinja um nível de preparação mais satisfatório para começar a atuar. Muitos canalizadores não conseguem essas comunicações durante vários meses, o que não quer dizer que não estejam já sendo ajudados nem assistidos em seus trabalhos. Se você é do tipo que duvida antes de ver, será mais difícil receber manifestações de efeito, pois isso talvez não esteja de acordo com sua natureza reservada.

Depois dos contatos indicadores, podem se seguir aparições. O canalizador começa a ver vultos ou criaturas. O contato pode ser muito rápido, como uma visão passageira, mas também pode perdurar por algum tempo. Os vultos podem se movimentar ou permanecer parados. Muitos canalizadores têm dificuldade para distinguir o rosto ou detalhes da figura. A maior parte fala de uma névoa que parece envolver o espírito. Alguns espíritos gostam de aparecer como foram em alguma vida passada, mas outros podem ter aparências bem incomuns. Alguns preferem aparecer na forma masculina, outros adotam uma forma feminina.

Os guias não irão assumir na maior parte das vezes uma forma assustadora ou fenomenal, pois eles não pretendem chocar. O mais comum é que procurem se manifestar com uma aparência agradável e tranqüila, tendo sempre a mesma forma, para que você possa saber com qual dos seus guias está lidando no momento. A forma ou aparência serve para um espírito apenas enquanto é para você uma identificação de quem está próximo. Algumas pessoas nunca chegam a visualizar seus guias, pois conseguem percebê-los com sua percepção extra-sensorial e isso lhes basta.

Alguns espíritos guias podem lhe dar seu nome, outros deixam que você os chame como quiser. Tenha cuidado ao escolher um nome para um espírito. As palavras possuem uma carga energética muito forte e precisamos ter uma certa cautela a esse respeito. É mais fácil denominá-los com qualidades e valores que eles nos sugerem, como "guia da perfeição" ou "instrutor da sabedoria", por exemplo.

Um espírito é uma entidade concreta, ele existe realmente, só que não aparece, pois é normalmente invisível para os seres humanos. As faculdades de um ser espiritual são mais aguçadas, pois seus sentidos não são tão limitados como os dos homens. Daí a capacidade que um espírito tem de ler nossos pensamentos. Não pense, portanto, que você pode enganar ou mentir para um guia espiritual, como algumas pessoas costumam fazer entre si. Nunca tente fazer isso, estará correndo o risco de ser totalmente excluído da lista dos contatos que o espírito faz.

Os espíritos possuem também uma mobilidade muito maior que a nossa. Eles estão em toda parte, podendo entrar e sair livremente de onde quiserem. Nossos guias não costumam estar por perto durante todo o tempo, mas uma vez que tenhamos assumido uma rotina para nossa canalização, eles prontamente se prestam ao trabalho em conjunto, principalmente quando costumamos ter dia e horário para isso. Eu sei disso por experiência própria. Na casa onde me dedico às atividades espirituais, há um dia na semana, a quarta-feira, em que costumo atender gratuitamente às pessoas da comunidade, para passes e alguma orientação. Faço isso antes de começar com os clientes que têm hora marcada. Sou bastante metódica e disciplinada no trabalho espiritual, tendo horário certo para chegar. Logo que chego, abro a casa, entrego fichas numeradas para os que já vieram e vou para minha sala canalizar, pois comigo, graças a Deus, trabalham vários seres de muita luz. Antes de me concentrar, sempre acendo uma vela e um incenso, que passo na sala toda e depois coloco para acabar de queimar na varanda. Um dia, assustada pela quantidade de pessoas que já estavam me aguardando, entrei apressada e comecei a canalizar sem acender a vela e o incenso. Estava com os olhos fechados, concentrada, quando senti um forte odor de incenso, que me lembrou do que havia esquecido. Vejam que esse fato não é nada sensacional, mas acontecimentos assim são suficientes para que nós recebamos um estímulo e tenhamos a certeza de não estar agindo sem amparo. No meu caso, isso bastou para me dar certeza. Eu sei que há guias que me esperam, como poderei falhar?

Quando uma pessoa desencarna, sua alma, unida a um corpo fluídico, chamado de perispírito, que é semimaterial, abandona o corpo físico e torna-se um ser espiritual capaz de sentir, mover-se, comunicar-se com outros espíritos e, com muitas limitações, fazer contato com os humanos. Com o tempo esses contatos tornam-se mais fáceis e o espírito começa a receber tarefas no mundo espiritual. Se sua evolução até o momento foi satisfatória, esse será um espírito iluminado, apto a guiar seres humanos. Mas, se durante sua existência, o ser não se aprimorou suficientemente, ele pode ficar vagando num espaço sem luz, de onde só sairá depois de muito sofrimento.

O espírito não se torna melhor do que em vida só pelo fato de desencarnar. Se a pessoa era moralmente falha, continuará assim em espírito, por isso insistimos tanto na necessidade de selecionar os contatos e testar as comunicações que se recebe. Haverá alguns espíritos que tentarão nos impedir ou atrasar nosso progresso, mas com os devidos cuidados isso é perfeitamente evitável. Além dos procedimentos que evitam a aproximação dos seres negativos, sempre podemos contar com uma eficaz ajuda dos seres de mais luz para nos guardar. Só o que temos a fazer para obter essa colaboração é nos mostrarmos merecedores dela.

As modificações moleculares que tornam os espíritos visíveis são responsáveis pelas aparições de todo tipo. Elas podem exigir muito da energia do espírito, por isso não esteja a todo instante pedindo para presenciar essa forma de comunicação, pois pode ser desgastante para o guia que o está contactando. Deixe ao critério do espírito a manifestação. Todavia, tenha certeza de que, quando essas aparições surgirem, não serão um produto da sua imaginação.

Na canalização muitas pessoas recebem inspiração para se manifestar escrevendo, pintando ou fazendo música. Esse tipo de contato difere do trabalho que um espírito faz quando possui um médium e utiliza seu corpo para, em transe, executar uma obra de arte. Um canalizador, ao terminar um trabalho de arte inspirado por um espírito, poderá assinar seu próprio nome, pois ele é produto consciente do canalizador e não do espírito, enquanto que um médium em transe costuma assinar o nome do artista que o possuiu. O mesmo se dá com textos psicografados; nesse caso o médium recebe tudo do ente espiritual. Já no caso do escritor que canaliza, ele apenas recebe idéias e alguns assuntos através do guia, mas trabalha todo o tempo consciente e é capaz de usar seu livre-arbítrio durante e depois da execução do texto redigido.

A melhor maneira de garantir um contato proveitoso através da canalização é manter o respeito pela tarefa que se desempenha e recolher-se interiormente para um trabalho sério e metódico.

Lembramos: os contatos espirituais são de duas categorias: manifestações físicas e manifestações inteligentes. Os efeitos como ruídos, movimentos, visões, odores, toques e vibrações pertencem à categoria dos efeitos físicos, podendo ser espontâneos ou provocados. As comunicações inteligentes manifestam um pensamento ou respondem a perguntas. Ao canalizador interessam muito as comunicações inteligentes, embora os efeitos físicos, quando servem para confirmar a presença de um guia, sejam bastante estimulantes.

A imaginação humana, movida pelo medo ou pela curiosidade, pode atrair espíritos brincalhões ou até mesmo espíritos de pouca luz, que tentam confundir a pessoa. Não faça da sua imaginação um modo de se satisfazer com o trabalho espiritual. Ela poderá lhe pregar peças. Procure deixar sua mente livre para o que vier, sem fazer projeções do que gostaria que fosse sua atividade de canalização.

V

Desfazendo medos e tirando dúvidas

Há uma série de perguntas que recebo nos cursos que ministro, que acabei aproveitando para compor este capítulo. São questões que mostram a maioria dos medos e das dúvidas e que o iniciante em canalização quer ter respondidas antes de dar início à atividade. É importante a leitura deste capítulo, pois aqui estão os meios para se evitar todos os problemas que a inexperiência e o temor poderiam gerar.

1. É muito difícil e demorado aprender canalização?

Não costuma ser difícil aprender a canalizar, pois nessa atividade se usam capacidades latentes em todo ser humano. O trabalho e os exercícios vão se destinar a aprimorar o corpo físico e a alma para, com o correto uso desses veículos, obter resultados. Quem se empenha com dedicação e preseverança, recebe os benefícios desde o primeiro momento, mas o resultado é muito individual e não pode ser determinado quanto tempo será necessário. O tempo médio para os primeiros contatos é de dois meses, mas não assuma isso como um parâmetro para a sua evolução.

2. Quais espíritos podem me atingir negativamente?

Nada no mundo espiritual pode atingir aquele que canaliza corretamente. Os espíritos inferiores só podem atingir o ser humano que está vulnerável. O único modo de evitar os problemas é: só tentar um trabalho com espíritos depois que houver restaurado sua aura, fortalecido sua alma e puder permanecer assim defendido. Em dois capítulos mais adiante há todo um processo para se preparar antes de começar a canalizar. Seguindo essas orientações, você estará na defesa contra quaisquer contatos negativos.

3. O que faço se perder a consciência enquanto canalizo?

Seguindo os exercícios sugeridos, você nunca perderá a consciência, pois esse é o maior objetivo da canalização, como a propomos: mantê-lo o tempo todo lúcido enquanto pratica.

4. Meus guias estarão constantemente ao meu lado?

Os guias que você contactar estarão por perto enquanto assim o desejarem, mas veja: eles têm muitas outras responsabilidades no mundo espiritual e não podem ficar olhando o que você faz no dia-a-dia. Os espíritos também possuem tarefas pessoais, que ajudam no seu próprio crescimento e estão muito ocupados para ficar de vigia. Mas saiba que eles podem ver sem ser percebidos...

5. Quem canaliza corre o risco de ser possuído por espíritos obsessores?

Nunca vi acontecer um caso desses, pois a obsessão espiritual é uma doença que acomete indivíduos em condições de despreparo espiritual (pré ou pós nascimento), e quando estão sob *stress* físico ou emocional. No meu trabalho espiritual encontro alguns obsidiados, mas entre eles não existem canalizadores. A própria preparação para canalizar já fecha os canais por onde se poderia ter contato com esse tipo de espírito.

6. Eu posso tentar um transe mediúnico durante a canalização?

É mais produtivo e saudável trabalhar com espíritos quando se é um canal consciente, além do que é também muito mais seguro. Caso você deseje ardentemente o transe, a canalização não é o seu caminho, por isso seria melhor procurar um grupo que faça esse tipo de trabalho para se desenvolver.

7. Posso chamar outras pessoas para presenciar meus contatos com meu guia?

Você pode, se fizer isso com algum objetivo justo e definido, mas não pense que um guia espiritual sério está interessado em aparecer como um bichinho de estimação. Alguns médiuns que expuseram seus guias a esse tipo de prova perderam para sempre sua capacidade mediúnica. O mais provável é que ele se sinta desestimulado e desapareça. Em todo caso, tente perguntar a ele, antes, se está de acordo com isso.

8. É possível testar os espíritos que fazem contato?

É possível e completamente necessário que se testem os espíritos que nos contactam. Há muitos espíritos brincalhões e sem moral que tentam se intrometer quando o médium está canalizando. Num capítulo mais adiante trataremos da forma de fazer esses testes.

9. Até onde devo depender dos meus guias espirituais?

Nunca se torne dependente de um guia, seja ele espiritual ou humano. Sua mente é suficiente para tudo o que precisa fazer. Temos muitas vantagens nos contatos espirituais, principalmente quando trabalhamos formando uma equipe ou uma dupla, junto com os espíritos. A dependência é negativa para ambas as partes e só retardará o progresso que se busca obter.

10. As pessoas dentro da minha casa podem receber alguma influência direta ou dano provenientes da minha atividade de canalização?

Não. Sua atividade será cercada de certos cuidados que evitarão qualquer problema para os que estiverem em casa. Se alguém não quer que você faça canalização, por causa de medo ou por desconhecimento, explique tudo o que sabe, mostrando que não há nada de anormal com esse trabalho espiritual. Em geral, a casa onde existe um canalizador bem intencionado já está contando com uma proteção extra.

11. Estou achando um pouco demorado o processo de canalização. Eu posso apressar meu desenvolvimento?

Nunca tente evoluir muito rapidamente, "queimando etapas". Se você tiver alguma facilidade maior que as pessoas em geral, seu progresso ocorrerá mais depressa por si só. Os contatos serão quase que imediatos e você saberá que pode ir em frente. Se não está acontecendo nada disso, insista e persevere no caminho que indicamos no livro. Ele é mais seguro e leva a um resultado final satisfatório. As pessoas que tentam apressar seu processo podem até conseguir resultados, mas eles são de curta duração.

12. Quando devo começar? Há uma época certa para dar início?

Se desejar, comece assim que terminar de ler os capítulos iniciais, básicos para sua preparação. Logo que sua leitura chegar ao primeiro exercício, você poderá começar sua atividade de canalizador, desde que já esteja pondo em prática as normas de segurança.

13. Quais são as dificuldades mais comuns ao canalizar?

A falta de persistência e de método costuma impedir que a pessoa progrida mais rapidamente, mas não tira a capacidade de se estabelecer, algum tempo mais adiante, o contato espiritual. Um outro inimigo importante é o sono, que é evitado quando se toma duas horas antes um suco com bastante vitamina C. Procure praticar pelo menos uma vez na semana, com bastante dedicação. Logo que se estabelece o ritmo e os primeiros contatos acontecem, nada fará o iniciante abandonar sua tarefa.

14. Tentei durante três meses e nada importante aconteceu. Devo parar?

Se você tentou com dedicação, certamente já aproximou muitos seres de luz que o assistiram em sua atividade. Os benefícios certamente aconteceram, embora você não se tenha dado conta deles. Talvez não seja ainda chegada a hora dos contatos e dos trabalhos em comum. Não abandone de todo seus exercícios, apenas deixe um espaço maior entre eles, coisa de duas semanas entre um e outro.

15. Crianças podem canalizar?

As crianças, principalmente as menores, sabem intuitivamente como canalizar. Quando uma criança diz que estava brincando com um companheiro imaginário, é bem possível que estivesse brincando com algum espírito. Acho que elas devem ser deixadas à vontade para que tenham sua evolução de forma natural. Agora, se elas presenciam seu trabalho de canalização e perguntam o que você está fazendo, devem ter respostas claras e objetivas, mas não precisa ir, com as explicações, muito adiante do que lhe é perguntado. Algumas pessoas se acham na obrigação de passar tudo o que sabem para uma criança que pergunta sobre espíritos. Ainda acho melhor responder apenas àquilo que foi perguntado.

16. Posso comer antes de canalizar?

Normalmente se evita alimentação pesada duas horas antes de canalizar, preferindo ingerir frutas, iogurte ou chás. Logo depois da atividade, contudo, é até recomendável fazer uma refeição.

VI

O diário do canalizador

Um dos cuidados importantes, que dará ao seu trabalho de canalização um aspecto sério e até científico, é manter o registro de tudo o que acontece desde o primeiro momento em que você se ligou às atividades, escrevendo um diário. Isso é uma sugestão, não uma atividade obrigatória. Se não simpatiza com a idéia, pode deixá-la de lado.

Poder rever anos depois fatos acontecidos e tirar deles, quem sabe, alguma conclusão que escapou no momento em que o fato ocorreu, são vantagens que uma anotação metódica de cada trabalho pode proporcionar.

Esse diário será como qualquer outro, um resumo das atividades, com todos os dados que julgamos necessário incluir. Você não precisa ser um escritor para fazer esse tipo de registro. Coloque de forma simples e direta tudo que aconteceu durante a sua atividade.

Acredito que é muito fácil fazer um diário, mas se você nunca fez um, pode se sentir em dúvida quanto ao que será importante colocar nesse diário. Alguns canalizadores gostam de uma orientação mais precisa, antes de começar a fazer o seu, por isso, fiz uma lista do que se considera como dados essenciais nas anotações. Talvez você goste das sugestões:

1. Coloque a data, o local e o horário em que desenvolveu a atividade. Alguns gostam de marcar a fase em que a Lua estava, pois esse fator parece influenciar os contatos. Com o tempo, você vai perceber em quais horários e lugares acontecem os melhores contatos para você, bem como em qual fase da Lua.

2. Quando acontece alguma coisa especialmente importante, que destaca aquela atividade, faça uma marca colorida. Algo como uma etapa vencida, um contato totalmente diferente, alguma sensação estranha. Mais tarde você poderá ver de quanto em quanto tempo essas variações acontecem, pois elas costumam ser cíclicas, mas o tempo entre elas é muito pessoal.

3. Coloque qual é seu objetivo antes de iniciar, caso tenha um. No caso de alcançá-lo, você poderá ver quanto tempo levou para obter ou desenvolver a capacidade que desejava.

4. Depois da atividade, logo que puder, descreva o exercício que praticou ou a técnica usada, narrando em seguida tudo que lhe aconteceu. Essas anotações são importantíssimas para avaliar seu progresso e fazer um levantamento do caminho para o qual os espíritos procuram orientá-lo. Você terá condições de saber o que funciona mais, qual a técnica que no seu caso dá mais resultado.

5. Quando receber mensagens que não pode compreender, anote-as o mais corretamente possível, depois sublinhe-as com caneta colorida, para ficarem assinaladas. Periodicamente volte a essas frases, até conseguir perceber sua mensagem. É possível fazer um trabalho de canalização voltado só para alguma mensagem que não se entendeu, pedindo por esclarecimento. Muitas vezes, seu guia poderá lhe dizer que ela é totalmente sem importância, foi algo que você canalizou, mas não era para você. Com a prática, esse tipo de mensagem "mal-sintonizada" desaparece.

6. Cada espírito que entra em contato conosco é especial e diferente, pois o mundo espiritual tem um objetivo definido ao enviá-lo para nós. Aprenda a distinguir seus guias e, se eles costumam vir em grupo, perceba qual é a finalidade para a qual esse contato se destina. Mantenha um registro bem completo de todos os contatos que recebe.

7. Logo que fizer um contato que lhe desagrade, corte a canalização, mas tente antes perceber como poderá identificar esse espírito se ele quiser voltar. Anote tudo isso em seu diário, para saber que este é um contato a ser evitado. Se você costuma fazer a canalização da forma como descrevemos, com os devidos cuidados, isso raramente lhe acontecerá. Na verdade, não deverá ocorrer nunca.

8. Um diário é para ser lido apenas por quem o escreveu, por isso, mantenha-o bem guardado, para que ele não venha a ser objeto de leitura ou comentários de quem não interessa conhecer sua atividade espiritual.

9. Suas anotações podem incluir efeitos posteriores ao exercício ou atividade. Muitas pessoas fazem contatos espirituais em estado de relaxamento profundo ou ao dormir. Às vezes, quando estamos fazendo algo monótono, como ouvir alguém contar uma longa história ao telefone, ocorre uma canalização rápida e vemos ou percebemos vultos. Pela manhã, antes de levantar, em estado de semidesperto, o canalizador também pode ter algum contato. Casa vazia, onde estamos sós, é também um veículo de excelentes canalizações involuntárias. Não deixe de anotar tudo que se passar em outros momentos que não são dedicados às atividades.

VII

Preparando o corpo físico

Depois de tantos conceitos, é mais do que chegada a hora de partir para algo mais prático. A primeira providência de quem deseja canalizar é preparar-se fisicamente. Essa preparação é simples, não tem nada de diferente do que seria ideal manter como hábito para a preservação da saúde. São alguns cuidados que ajudam a manter o corpo em bom estado, evitando doenças, mas principalmente ajudando a evitar estados emocionais que podem interferir no trabalho espiritual, como a depressão, por exemplo.

Não pense que, se você está fora dos padrões que vamos citar como ideais, vai levar muito tempo para chegar a um bom nível físico. Bastam dez dias, ou no máximo duas semanas, seguindo nossas sugestões, para ficar preparado. Mas veja: não adianta retornar aos velhos hábitos, pois tornará a sair do padrão.

O físico, para o canalizador, é seu instrumento de trabalho. Ele precisa estar limpo, sem receber venenos, sem sofrer agressões, para poder atuar numa boa parceria com sua mente. É através dos sentidos que você vai receber impressões, como sons e odores. Uma pessoa cansada, mal alimentada, que fuma, bebe ou usa drogas, jamais poderá manter um bom contato espiritual.

Estar com o corpo em bom estado é uma das maneiras de se garantir que a aura está forte e evitar, assim, aqueles problemas que podem surgir com a intromissão dos espíritos negativos. Uma aura bem estruturada é a melhor defesa do canalizador, é sua proteção contra contatos com seres sem luz.

Costumo dividir os cuidados com o corpo em quatro partes: a respiração, a dieta, os exercícios físicos e a expansão dos cinco sentidos. São conselhos e práticas que seu médico vai aprovar, pois você só terá benefícios com os procedimentos sugeridos. É bem verdade que tudo que vamos passar tem, por trás da motivação física, um cuidado para reforçar sua aura.

Primeira proteção: a respiração

Respirar é o primeiro ato do homem ao nascer e também o último. Nós começamos a viver no mundo físico com uma inspiração e terminamos com uma expiração. Durante toda a vida, em todos os momentos, respiramos. Com isso, o ato de respirar torna-se um acontecimento mecânico; pouca gente lembra que respira.

Já que você lembrou, aproveite para prestar atenção em como está respirando. Ponha as mãos no seu ventre e sinta seu movimento. Depois coloque a mão no peito e veja como ele se move. O que se movimenta mais quando você respira? O peito ou a barriga?

Quando a respiração é mais com a parte de cima do pulmão, isto é, o peito é que mais trabalha, a pessoa usa só parte do órgão, a superior, por isso não aproveita toda a capacidade pulmonar. Quando se dilata também o ventre na respiração, o pulmão todo é utilizado, resultando daí muitos benefícios, pois a quantidade de oxigênio que o corpo recebe é bem maior. Se você respondeu que sua barriga se movimenta mais que o peito na respiração, está tendo provavelmente uma respiração mais proveitosa do que quem respondeu que movimenta mais a parte superior, o peito. Antigamente se dizia para as pessoas encolherem a barriga e estufarem o peito. Hoje isso está sabidamente fora de moda.

É o oxigênio que, absorvido em maior quantidade, pode ajudar aos canalizadores. Todas as células do corpo receberão o benefício e suas glândulas passarão a ser ativadas. O cérebro será o primeiro a refletir uma melhor oxigenação do seu corpo e, ficando mais afinado com sua mente, será mais fácil qualquer trabalho mental.

Com a finalidade de ajudá-lo a respirar melhor e assim poder adquirir maior capacidade pulmonar, vamos sugerir alguns exercícios respiratórios.

A primeira respiração que vamos descrever, chamada de RESPIRAÇÃO COMPLETA, não é nada mais do que isso: respirar de forma completa, abrindo o peito e dilatando o ventre, deixando que o ar se espalhe pelo pulmão todo. Para exercitá-la, sente-se ou deite-se no chão. Coloque ambas as mãos sobre a barriga e vá respirando, sentindo o ventre subir e descer. Respire no seu ritmo e vá, aos poucos, prolongando a inspiração e a expiração. Lembre-se: barriga para dentro e peito para fora está ultrapassado. Não tenha medo de ficar barrigudo, pois movimentando o ventre você vai massagear seus órgãos internos e eles terão menos chance de descer, criando a barriguinha. Na hora da expiração, soltando o ar, recolha bem o ventre. Não é uma ginástica fazer isso? Evite ainda mais a tal barriguinha.

Os sábios do Oriente ensinam que quando respiramos não absorvemos apenas o ar, com sua composição química. Ao respirar recebemos muito mais, pois certos elementos que nutrem nossos outros corpos entram junto com o ar. A ciência da Yoga chama ao fluido que respiramos PRANA. Ele nutre o corpo e o espírito.

As técnicas de respiração constituem uma parte da Yoga chamada PRANAYAMA. Aprender pranayama em livros é impossível, pois alguns exercícios são tão complicados que qualquer descrição deles seria muito confusa. Creio, porém, que é possível descrever dois exercícios básicos, além da respiração completa, que já citamos. Vou tentar fazer isso, pois é de todo necessário que o canalizador pratique exercícios respiratórios. Seria muito interessante se você pudesse aprender mais alguns exercícios de pranayama, além dos que vou descrever, mas para isso vai ser necessário ir procurar uma academia de Yoga para aprender com um instrutor ou achar alguém que já pratica pranayama e que ensine. Caso você não tenha interesse ou seja impossível se aprofundar no pranayama, pode ficar apenas com os exercícios respiratórios que descrevo aqui; eles serão suficientes.

A RESPIRAÇÃO GLANDULAR é a segunda técnica respiratória que passaremos. Ela ativa a tireóide e fortalece a coluna. Essa respiração é executada na posição sentada. Deve ser feita depois da respiração completa, quando estiver com sua respiração bem tranqüila. Com a boca fechada, inspire pelo nariz e vá levando ao mesmo tempo a cabeça para trás, o máximo que puder. Cuide da sua postura enquanto estiver respirando, mantenha as costas retas. Se necessário, pode apoiá-las. Com os pulmões cheios, a cabeça lá atrás, fique por um instante retendo o ar. Depois volte expirando, sempre pelo nariz, com a boca fechada, vindo com a cabeça para a frente, até encostar o queixo no peito. Com os pulmões vazios, prenda a respiração por um instante e recomece. Nessa respiração você sempre inspira levando a cabeça para trás e expira levando o queixo ao peito.

Essa respiração pode ser aperfeiçoada. Quando sentir, mais adiante, que já está executando o exercício como está descrito, satisfatoriamente, comece a contar, tentando estabelecer um ritmo para sua execução. A expiração deve sempre ser mais longa que a inspiração. Contar, além de fazer com que você respire bem ritmadamente, vai fazer com que sua mente só trabalhe no que está fazendo, tirando os pensamentos que atrapalham sua concentração. Você pode também, quando estiver bem prático, encostar a língua atrás do céu da boca, naquela parte mais mole do céu da boca. Isto é feito quando se está com a cabeça para trás, parado, antes de expirar, com o ar preso. Retorne a língua para a posição normal antes de começar a expiração. Cada uma dessas variações, tanto a contagem ritmada, quanto a movimentação da língua, só deve ser tentada depois de ter praticado bastante a forma básica da respiração glandular. Essa respiração pode ser feita três ou cinco vezes seguidas.

A RESPIRAÇÃO POLARIZADA, a terceira que vamos descrever, é importantíssima para equilibrar seu corpo e mente. Ela faz com que a energia flua alternadamente cada vez por um dos lados da coluna, usando os canais, que a Yoga chama de NADIS, de modo igual e alternado. Nessa respiração você usa uma narina de cada vez. Esse exercício tem muitas variações; vamos descrever uma que não é muito complexa, mas é bastante eficiente. Sentado, com postura correta, tampe a narina direita. Com a boca fechada, inspire profundamente. Troque a posição da mão que tapa a narina, passando a tapar a narina esquerda; faça isso com os pulmões cheios. Solte o ar pela narina direita. Mantenha a narina esquerda tampada e inspire pela direita, a mesma pela qual soltou o ar, até encher os pulmões e retenha. Troque a mão tampando agora a narina direita. Solte o ar pela narina esquerda, aquela por onde iniciou o exercício. Sempre se termina pela narina que se começou, trocando a mão também sempre que estiver com os pulmões cheios. Foi descrita uma respiração polarizada completa. Na prática, você deverá repetir todo o procedimento acima descrito, para cada vez contar como uma respiração. Esse exercício deve ser feito com repetição de três a cinco vezes.

Se essa descrição da respiração polarizada estiver muito difícil de entender, pode tentar outra variação, que também produz o mesmo resultado. Sentado, com as costas eretas, tampe a narina direita e inspire pela esquerda. Prenda a respiração e mude a mão, passando a tampar a narina esquerda. Solte o ar pela direita. Repita três vezes, enchendo os pulmões pela narina esquerda e soltando pela direita. Depois, faça o inverso: tampando a narina esquerda, inspire, prenda a respiração, mude a mão, passando a tampar a narina direita, soltando o ar pela esquerda. Faça isso três vezes, inspirando pela direita e soltando pela esquerda.

Os exercícios respiratórios devem ser feitos pelo menos uma vez por dia. O ideal é fazê-los bem cedo, logo depois que levantar. Quando fizer um hábito dessa prática diária, você se sentirá muito equilibrado e, caso a interrompa, sentirá falta e terá uma vontade enorme de voltar a se harmonizar pelo uso do pranayama novamente.

Sugiro um esquema para a prática diária, pelo menos no início, enquanto usar os exercícios aqui descritos. Seguindo esse esquema, você gastará apenas três ou cinco minutos por dia, o que não é nada. Cada vez que se sentar para os exercícios, acalme-se primeiro com algumas respirações profundas. Em seguida, faça a respiração completa. Depois faça as respirações glandulares e as respirações polarizadas. Termine com as mãos como em prece, de joelhos, inclinando-se para a frente, em reverência.

Esquema diário para o pranayama (exercícios respiratórios):

1. Duas ou três respirações profundas, para acalmar-se.
2. Três respirações completas.
3. Cinco respirações glandulares.
4. Três respirações polarizadas.
5. Uma reverência com as mãos em posição de prece.

Segunda proteção: a dieta

Uma alimentação correta é importante para qualquer pessoa. Nosso cuidado aqui será mais no sentido de orientar sobre os hábitos nutricionais que podem enfraquecer a aura do que passar informações sobre como deve ser a dieta de cada um.

A maneira de se alimentar varia de pessoa para pessoa, influindo nos hábitos individuais a região onde se habita, a educação, o poder aquisitivo, o gosto pessoal e outros tantos fatores. Contudo, todo mundo sabe de algumas verdades. A primeira é que gordura, sal e açúcar em excesso não fazem bem a ninguém. Diabete, hipertensão, obesidade são alguns dos problemas gerados pelo excesso dessas substâncias. Outra verdade é que a carne, principalmente a vermelha, deve ser ingerida com moderação, devendo-se preferir aves e peixes. O câncer está muito relacionado com o consumo da carne.

Os nutricionistas afirmam constantemente que devemos aumentar o consumo de frutas, verduras e cereais. Também é interessante fazer apenas uma refeição principal durante o dia, preferindo comer mais ao almoço que à noite. Uma vez na minha terra, Minas Gerais, ouvi uma senhora muito idosa, com mais de cem anos, dar uma resposta muito interessante aos que lhe perguntavam quais os cuidados que tinha com sua alimentação. Ela disse aquilo que deveria ser uma regra de ouro para quem quer saber sobre o comer: "Só como quando tenho fome e só bebo quando tenho sede."

Faça como achar melhor, não vire um maníaco em dietas nem um radical, mas veja como seu corpo está se sentindo e perceba se alguns dos seus problemas físicos não estão relacionados com o que tem comido. Coma apenas para obter energia, não substitua por comida outras carências, como a afetiva, por exemplo.

Outra restrição que se faz necessário assinalar está ligada aos alimentos industrializados, como as conservas, os enlatados, os embutidos, os iogurtes, os refrigerantes. Esses alimentos possuem alta quantidade de conservantes e aditivos que são extremamente tóxicos e prejudiciais ao organismo humano. Evitá-los é uma medida de segurança, mesmo para quem não sabe nem sequer do que se trata a canalização.

Para quem vai se dedicar ao trabalho de canalizador, estar com o corpo livre de toxinas só ajuda. Uma boa condição física, aliada a uma boa condição mental, faz com que a aura esteja perfeita e capaz de defender adequadamente a pessoa que se dedica às atividades espirituais.

Embora não esteja especificamente relacionado com dieta, mas porque faz parte dos cuidados com o corpo, devemos encaixar aqui algumas observações sobre outros venenos que se pode colocar para dentro do corpo. São hábitos que podem fazer com que a aura sofra sérios danos, pois alteram todo o funcionamento orgânico. Queremos falar do fumo, das drogas e das bebidas alcoólicas.

O fumante não respira direito, pois está constantemente sobrecarregando seus pulmões com fumaça. Como poderá ele abastecer seu cérebro de uma boa quantidade de oxigênio extra, que é tão importante para um trabalho bem-sucedido de canalização? Quem fuma deve esquecer das atividades mediúnicas, pois terá dificuldades e pouco sucesso. Infelizmente, não há meio-termo nessa questão.

Quem faz uso de drogas ou bebidas alcoólicas, mesmo que esporadicamente, experimenta estados alterados de consciência, enquanto está sob o efeito desses elementos. Nesses instantes ficará muito vulnerável. Se estiver se dedicando à canalização, será nesses períodos de consciência alterada que poderá ser atingido por espíritos negativos e sofrer algum dano grave. Um canalizador não pode, se quiser estar seguro, usar álcool ou drogas de qualquer espécie. Aqui também não existe meio-termo.

Terceira proteção: os exercícios físicos

As atividades físicas são essenciais para aquele que deseja se dedicar à canalização. Ao ativar a circulação do sangue no corpo, com os exercícios físicos, além de queimar as gorduras e suar, você vai permitir uma limpeza no seu organismo. Os exercícios fazem com que muitas impurezas da aura comecem a ser eliminadas, além dos inúmeros benefícios que trazem ao corpo e à mente.

Não existe uma determinada atividade física preferida para quem canaliza. O critério para a escolha será o gosto pessoal. Nada que se faz sem prazer permanece por muito tempo, por isso sugiro que a atividade escolhida esteja, em primeiro lugar, entre as que a pessoa pratica com gosto. Alguns preferem os esportes de competição, que além de estimulá-los permitem contatos e amizades com pessoas variadas. Outros optam por atividades isoladas, como caminhar, pedalar, correr. Há também aqueles que participam de clubes de ginástica e condicionamento físico, tão em moda, onde podem fazer individualmente sua preparação, enquanto conversam com outras pessoas.

Outro critério importante deve ser a moderação. Temos observado que muitas pessoas, em geral os jovens, se esgotam na prática exagerada de esportes. Há até mesmo um tipo de *stress* ocasionado pelo excesso de exercícios físicos. Esgotando suas energias, a pessoa pode causar danos à aura, semelhantes àqueles ocasionados pelo excesso de trabalho. Jamais uma pessoa assim desgastada poderá estar em boas condições de canalizar.

O ócio faz adoecer a mente e o corpo. A depressão, a obesidade, os problemas circulatórios e articulares, as doenças respiratórias, entre outras, melhoram bastante quando a pessoa começa a se movimentar mais, fazendo caminhadas ou praticando esportes. A vida estagnada polui a mente e o organismo. O canalizador tem de ser uma pessoa ativa e dinâmica, integrada ao mundo material, feliz de poder realizar aqui seu trabalho espiritual. Ele é um rio que flui constantemente, não pode jamais se tornar um pântano de águas paradas e deterioradas.

Para o canalizador, a atividade física deverá ser um hábito prazeroso, permanente e com método. O ideal é que pratique de duas a três vezes por semana, de meia hora a uma hora, sem deixar a preguiça afastá-lo de sua meta, mas sem ficar cansado em excesso.

Quarta proteção: a expansão dos cinco sentidos

O canalizador usa seu corpo para atuar no mundo físico e também é através desse veículo que irá perceber as manifestações do mundo espiritual. Os cinco sentidos têm a função de permitir nossa ligação com tudo aquilo que é externo à nossa individualidade, por isso é interessante aprimorá-los, até como defesa para poder perceber mais facilmente as qualidades de espíritos que fazem contato.

Não há um método definitivo para fazer com que os sentidos se expandam, mas é bastante fácil trabalhar para refiná-los.

Comecemos dando atenção ao olfato. Sabemos que muitos espíritos dão sinal de sua presença por odores. Procure aprimorar seu olfato através da respiração correta, que desobstrui as vias respiratórias. Os exercícios respiratórios, já descritos, podem ser indicados também com essa finalidade. Comece a respirar o ar mais puro da manhã, percebendo bem a diferença que existe entre os ares que se respira perto das árvores, daqueles que se inala perto de uma avenida onde há carros passando. Use as flores, os incensos e os bons perfumes para treinar seu olfato. Sinta o aroma da comida antes de começar sua refeição. Perceba o cheiro das pessoas, treine reconhecer seus familiares pelo seu odor mais característico.

A visão, outro dos sentidos, pode ser bastante aprimorada, permitindo que se faça melhor uso dela. Um exercício de Yoga, bastante eficaz para descansar os olhos e melhorar a visão, consiste em se esfregar as mãos uma na outra, até aquecê-las, colocando depois as palmas em concha sobre os olhos. Procure tampar bem os olhos, para não enxergar nada. Enquanto está assim, vá abrindo os olhos e fique na escuridão. Repita duas ou três vezes e sentirá que sua vista clareia e descansa. Também aprimora a visão visitar exposições de arte, ver belas paisagens.

Trabalhe para melhorar sua audição. Procure não permanecer muito tempo em lugares onde é alto o nível dos ruídos, pois a poluição sonora pode até causar danos irreversíveis em nossa audição. Se quiser experimentar um exercício interessante para deixá-lo mais atento a si e aos sons externos, tente fazer o que vou descrever. Sente-se e respire até tranqüilizar sua respiração. Tampe os ouvidos e inspire naturalmente, depois retenha a respiração por um momento e em seguida vá cxpirando levemente, atento aos ruídos internos de seu corpo. Repita por duas ou três vezes. Você pode também emitir um mantra ao expirar, como o OM, com os ouvidos tampados, percebendo as vibrações sonoras do mantra ressoando internamente.

O paladar é um sentido que todos têm a certeza de estar aprimorado, pois quem não gosta de comer pratos saborosos? No entanto, esse sentido é dos mais apagados no homem. Pelo excesso de variedade alimentar e por fazer uso exagerado de condimentos e aditivos, o paladar vai perdendo sua sensibilidade. Experimente fazer um jejum de água durante vinte e quatro horas. Esse tipo de jejum é altamente benéfico e não tem praticamente nenhuma contra-indicação. Depois desse período seu paladar estará tão sensível que uma simples fruta terá um sabor inigualável. Não será por causa da fome, mas por causa da limpeza que se processou no seu organismo que o sabor do que você comer parecerá muito mais rico.

O tato é o último dos sentidos a ser trabalhado. Quando se canaliza, toda a superfície do nosso corpo recebe vibrações. Estar mais sensível a elas pode trazer algumas experiências interessantes. Eu costumo passar óleo em todo o corpo uma ou duas vezes por semana. Faço isso com uma vigorosa massagem, antes do banho, que é feito depois com água fria ou levemente morna. É interessante alternar os óleos na massagem: uma vez usa-se um fino óleo mineral do tipo para bebês e, na vez seguinte, um óleo vegetal, que pode ser de amêndoas ou de oliva. Quem não gosta do cheiro desses óleos pode experimentar o óleo de girassol, que tem excelente aplicação e que não deixa nenhum odor, sendo fácil de se encontrar em qualquer supermercado. O recurso da massagem com óleo pelo corpo todo é eficaz para os casos em que as pessoas estão com pouca energia, pois torna a aura mais densa, evitando que escapem as suas reservas energéticas. Lembre-se disso quando se sentir esgotado.

As mãos merecem um cuidado especial. Faça nelas uma massagem com óleo de oliva e açúcar, friccionando bem. Essa massagem vai tirar as células mortas, deixando suas mãos lisinhas. Ao terminar, lave bem com um bom sabonete, passando depois um creme hidratante.

VIII

Preparando o corpo astral

Não se pode apenas pensar no veículo físico ao iniciar as atividades de canalização. Também é de extrema importância atentar para os cuidados com o corpo astral. Isso se deve ao fato de que será ele o encarregado das ligações e proteções do canal.

Um canalizador consciente de suas falhas e fraquezas pode trabalhar no sentido de evoluir e impedir que desvios ocorram em sua vida, atrasando sua missão. Mesmo com defeitos, ele será consciente de suas dificuldades, podendo agir com o objetivo de aos poucos superá-las.

A jornada espiritual é única e muito pessoal. Nada poderia ser esquematizado no sentido de dirigi-la. Há alguns procedimentos que podem ser sugeridos, como início de uma preocupação com o corpo astral. São cuidados e análises que qualquer ser humano vai achar interessante fazer. Vamos mencioná-los como mera sugestão. É evidente que se deve buscar o aperfeiçoamento de uma forma pessoal, mas, se essas maneiras que mostramos puderem ser de valor, use-as para você. Se não, siga o modo que melhor lhe parecer, mas não deixe de se trabalhar atentamente.

Conduta vigiada

O primeiro cuidado para ter boas condições espirituais é manter vigilância sobre sua conduta. A conduta vigiada evita que a pessoa se deixe levar por atitudes precipitadas e negativas. Uma atenta observação dos procedimentos é indispensável para aperfeiçoar a alma, permitindo que o canalizador evolua espiritualmente.

Como exercer a vigilância sobre a conduta? Comece devagar, não queira fazer tudo de uma vez só. A primeira providência é se observar atentamente, fazendo no final do dia uma avaliação dos comportamentos pessoais durante a jornada que passou. Talvez ajude dar uma amostra da avaliação que sugiro, indicando que tipo de perguntas se pode fazer a si mesmo antes de ir dormir:

1. Como tratei as pessoas com quem tive contato hoje?
2. Esforcei-me para ouvir o outro antes de me fazer ouvir?
3. Moderei minha impaciência e vontade de passar por cima dos outros?
4. Como reagi ao enfrentar as dificuldades?
5. Eu tive em algum momento medo de alguma coisa ou de alguém?
6. Deixei que emoções negativas, como raiva, desprezo, inveja, ciúme, irritação, orgulho, vaidade, luxúria ou outras se manifestassem em mim?
7. Deixei que vibrações sem harmonia estivessem em meus pensamentos?
8. Quero conscientemente melhorar?
9. O que vou fazer para evitar uma conduta indesejada?
10. Trabalhei sem preguiça?

Outras perguntas, mais pessoais ou de acordo com as condições individuais, podem ser feitas. Cada vez que notar um ponto de desarmonia em sua conduta, anote e trabalhe em cima dessa dificuldade, tentando superá-la. Você poderá ter problemas para admitir aquilo que está muito enraizado em seu comportamento, mas, no íntimo, seu Eu Superior está informado do que é certo e do que é errado e irá ajudá-lo, se sua intenção de se aprimorar for verdadeira.

Alguns comportamentos e emoções podem exigir um trabalho bastante duro para serem eliminados. A raiva ou a ira violenta costumam ser muito persistentes e, embora haja consciência da falha, a pessoa tem dificuldade para extirpar essa conduta da sua natureza íntima. Quando menos se espera, volta-se a repetir o comportamento. Caso você tenha alguma dificuldade dessa natureza, vale a pena trabalhar, mesmo que isso leve vários anos para ser eliminado da sua personalidade.

A conduta vigiada também é útil porque ela permite que o indivíduo não engane a si mesmo. Nada mais danoso do que a auto-indulgência. Viver encontrando desculpas para suas falhas, acomodando dessa forma as culpas, satisfaz o ego e impede que o espírito se aperfeiçoe.

Atitude com relação ao karma

Tentar se esquivar, minimizar ou evitar as experiências e dificuldades que a vida nos põe no caminho evolutivo é negar o karma pessoal. Essas dificuldades foram previamente escolhidas para ajudar o indivíduo a progredir. Negá-las seria desperdiçar uma oportunidade de melhorar. Isso só vai adiar o encontro e a batalha final com o tipo de problema que se deixou de enfrentar. Ele pode retornar novamente ainda numa mesma encarnação, ou voltar em encarnações posteriores, sempre presente, até que se trabalhe a dificuldade que representa para a personalidade espiritual.

Os problemas são uma oportunidade para progredir. Você vai aprender com os problemas e sanar defeitos de caráter pelo correto enfrentamento das dificuldades. No final do processo, o espírito adquire alguma qualidade que lhe faltava. É um sinal de inteligência empenhar-se desde logo para descobrir dentro das dificuldades da vida qual é a lição que elas encerram, esforçando-se de coração para superá-las. Treinando a mente de forma positiva e enfrentando o que vem com vigor e coragem, os resultados podem ser mínimos e as experiências desagradáveis passam depressa. Criando resistência e desanimando, só abrimos espaço para mais problemas.

Não é fácil remover as influências kármicas, nem sugerimos que isso deva ser tentado. Elas precisam ser trabalhadas. Acelerar o desenvolvimento espiritual é uma forma de acelerar a queima do karma. Aqui entra também um fator importantíssimo: o amor. Abrindo o coração para o amor universal e ligando esse amor a uma fé verdadeira, sentiremos a iluminação íntima que poderá nos guiar nos momentos em que o karma estiver sendo trabalhado mais ativamente, isto é, nas horas das dificuldades da vida.

O karma não se elimina sem sofrimento e dor, pois ele é resultado da causa e efeito. Ao fazer o mal, contraímos uma dívida que deverá ser assim resgatada.

Organizar a mente

Existe um trabalho na jornada do progresso espiritual que só podc ser realizado em nível mental. Para isso é necessário adestrar a mente, treinando-a e fazendo-a trabalhar em nosso benefício. Os cursos de neurolingüística, de pensamento positivo, de treinamento da mente utilizam as mais variadas técnicas para alcançar essas faculdades mentais. Em geral os processos usados servem para eliminar os detritos mentais acumulados e, em seguida, com a área limpa, desenvolver as qualidades mentais inatas do ser humano.

Pessoalmente prefiro que um trabalho nesse nível esteja associado a um firme contexto religioso, que dê base e suporte ao que se consegue obter durante o processo. O homem tende a se sentir especial quando consegue poderes conferidos pela mente e pode correr o risco de se julgar onipotente, sentindo uma vaidade negativa. Já observei que a maioria das pessoas que participam dos cursos de treinamento mental, com o tempo, passada a euforia de conseguir manipular sua mente, não conseguem mostrar quase nenhuma melhora em nível espiritual, e acabam por não saber o que fazer na prática com aquilo que desenvolveram.

Os estados mentais que absorvem a vitalidade do corpo acabam por afetar a mente, por isso o primeiro passo é manter, como já citamos, sua conduta sob vigilância. Os exercícios de respiração (pranayama) da Yoga também são uma poderosa ativação mental.

Quando a mente estiver mais limpa e purificada, eliminando dela as coisas desnecessárias, poderemos, então, estudar nossos processos mentais. Isso se faz com a aprendizagem da atenção integral. Essa atenção é aprender a dirigir nossos pensamentos a um ponto único, criando apenas um foco de pensamento. Essa concentração de poder mental, não dividido, é uma força que flui e trabalha a nosso favor. Quem trabalha com os poderes ocultos passa a vida toda nesse exercício. O estudo de concentração unidirecional leva a um estado chamado de meditação.

Há excelentes livros e cursos que podem ajudar quem quer aprender a meditar, mas fuja daqueles que dizem que apenas o seu processo é válido. Fuja mais ainda daqueles que exigem segredo sobre o que foi ensinado. Você poderá aprender a meditar com esses instrutores, mas será levado a usar, sem perceber, através de fórmulas e palavras que não são de sua língua, sua força mental em benefício de interesses alheios aos seus.

A verdadeira meditação permite chegar ao interior de todas as coisas e ir a outras dimensões além do plano físico. Através dela podemos unir o cérebro, a mente e a alma. Nesse trabalho vamos harmonizando nossas vibrações até torná-las completamente sintonizadas com a grande consciência universal que é Deus. É nessa harmonização que o homem consegue os sempre tão almejados poderes ocultos.

Comece a exercitar a meditação sem grandes pretensões. A melhor maneira de fazê-lo é sentado e depois de um relaxamento do corpo. Vá respirando até alcançar uma respiração lenta e ritmada. Quanto mais calma e vagarosa for a respiração, mais fácil será alcançar o estado meditativo.

Deixe que seus pensamentos venham e passem, sem reter nada do que surge. Aos poucos, comece a controlar as emoções, tensões e ansiedades, fazendo com que seu cérebro vibre cada vez mais sutilmente. Vá apagando os pensamentos e tranqüilizando a mente, com paciência e persistência. Esse processo precisa ser continuado, até que se torne um ato inconsciente. Não desanime, pois pode levar bastante tempo até conseguir uma boa condição de concentração.

Só depois que se conseguir controlar os pensamentos errantes da mente é que se pode meditar. É necessário que a mente esteja limpa para que a meditação ocorra, mas também é preciso que ela possa ser ativada rapidamente. Estar pronta a entrar em ação, sem contudo agir: não é fácil realmente meditar, mas esteja certo de que, quando puder fazê-lo satisfatoriamente, vai valer a pena o esforço.

Pela prática meditativa persistente assume-se o controle da mente, ganhando nesse processo a liberdade e o poder mental que faz você diferente dos outros. As barreiras são rompidas, sua ligação com o mundo espiritual será intensa e produtiva. Não sinta jamais que é especial por isso, mas agradeça a Deus ter-lhe permitido tal progresso.

Evitar as ciladas e as ilusões

Quem aprimora seus veículos físico e mental está apto a desvendar os mistérios do Universo, dominando a matéria. O canalizador que busca contatos espirituais com o mais nobre e altruísta objetivo não está livre, contudo, dos perigos que surgirão a todo momento para desviá-lo de suas metas.

Uma honestidade completa, consigo e com seus propósitos internos, pode capacitar aquele que lida com a espiritualidade a receber proteção. Não ceda à preguiça, nem se deixe levar pela vaidade ou pela vontade de aparecer. Fuja dos elogios e trabalhe incessantemente, sem nunca esperar recompensa.

Todo tipo de sensacionalismo que cerca uma atividade espiritual é negativa. As pessoas muito perturbadas começam a procurar aqueles que assim se expõem, podendo causar interferências no seu desenvolvimento. Poupe suas palavras para os que podem aproveitá-las.

Não deixe jamais de estudar e aprender sobre si e o resto que o cerca. Não dê seu trabalho por terminado, amplie suas capacidades ao máximo, com a certeza de que sua mente não tem limites. Faça seu desenvolvimento guiado pela paz, humildade e alegria. O resultado será equilíbrio e força.

A mais inestimável recompensa que se recebe é a sabedoria do mundo e a verdade interior. Se quiser receber dinheiro pelo que faz, faça-o apenas para cobrir despesas que sua atividade lhe causa, nunca para explorar aquele que está precisando de seus dons. Lembre-se: nenhum poder desenvolvido lhe pertence, pois sua fonte é divina.

IX

Os estados alterados de consciência

Quem vai trabalhar com os processos que conduzem à canalização entra em estado de consciência alterada. Isso é necessário para que possa reter percepções e fazer satisfatoriamente os necessários contatos. Só com sua consciência operando em níveis vibratórios mais sutis e refinados é possível estabelecer a canalização.

Os processos usados para obter o estado alterado de consciência são múltiplos e devem ser ajustados pouco a pouco. Cada um vai perceber o que é melhor para si, pesquisando e treinando, tentando e falhando, tentando novamente e, por fim, alcançando. Por isso, quando a pessoa ainda está em fase de treinamento, ela pensa que é difícil e que não vai conseguir. Lembre-se sempre: todos podem. Uns nascem com sua capacidade à flor da pele, outros têm que resgatá-la com um trabalho metódico e dedicado.

Segundo o texto dos Sutras de autoria de Patânjali, que codificou a Yoga, há poucas maneiras de se adquirir poderes extrafísicos ou paranormais, que são chamados de SIDDHIS. As maneiras seriam apenas cinco: pelo nascimento, por mantras, por austeridade, por drogas ou pelo estado meditativo chamado Samadhi. As potencialidades individuais dirigiriam o indivíduo para uma ou outra forma, que estaria de acordo com suas tendências.

Através do dom recebido ao nascer, o médium é formado sem necessidade de estudo nem outro tipo de preparo. Esta, a primeira maneira de se adquirir os poderes, é percebida desde que a criança começa a se manifestar, assustando os pais, quando despreparados.

Com o uso de mantras, uma das técnicas que vamos descrever, pode-se alcançar a sintonia com mentes superiores, tendo em si a manifestação dos poderes. Esta é uma das formas citadas por Patânjali, mas acredito que ela está mais de acordo com a maneira oriental de ser. Talvez para alguns ocidentais o uso de mantras seja um pouco difícil ou desinteressante.

Uma outra maneira, a austeridade, funciona bem para nós ocidentais. Essa é o que temos até agora tentado indicar como preparação básica para o canalizador, pois ela cobra bastante, mas aprimora o veículo físico e aperfeiçoa a mente até levar ao estado de mediunidade bem-estruturada.

Já o estado chamado Samadhi, que é também uma das formas de atingir os poderes mediúnicos, pode ser alcançado através da aprendizagem das técnicas de meditação. Esse é um processo também difícil para os ocidentais, mas está cada vez mais ganhando adeptos, pois seus resultados são percebidos desde o início.

Há, porém, uma maneira de se conseguir facilmente um estado alterado de consciência que não serve de forma alguma aos canalizadores: usar drogas. Aliás, isso não serve para nenhum ser humano. Todo tipo de remédio, droga ou substância que altera a consciência é uma ilusão. Pode-se ter a sensação momentânea de ter conseguido ir a um nível superior, mas isso é totalmente falso. O uso de substâncias que alteram a consciência deixa o canalizador exposto a espíritos negativos que porventura queiram utilizá-lo. Não pense que, indo pelo caminho fácil que as drogas representam, suas experiências mediúnicas serão válidas. Ao contrário, dessa forma o risco é incalculável. Nem quando se faz uso de substâncias que alteram a consciência sob supervisão médica ou espiritual esse processo é indicado. Já atendi pessoas com graves obsessões espirituais que participaram de grupos onde se tomavam chás para ter experiências espirituais, bem como já tive clientes que usaram certos medicamentos para superar *stress* ou depressão e acabaram vítima de obsessão. Nesse assunto, todo cuidado é pouco.

Cabe ao canalizador fazer durante toda sua preparação opções as mais diversas, mas nenhuma delas é tão óbvia quanto essa. Insisto que nem sob orientação ou assistência deve-se tentar evoluir espiritualmente com auxílio de substâncias que provoquem estados alterados de consciência. Os resultados de quem se arrisca a tentar esse caminho são sempre, sem exceção, muito desastrosos. Pode-se até perder para sempre a capacidade de fazer uso da mediunidade.

Quando está sob influência de uma droga, o corpo fica alheio ao perigo que pode vir do mundo espiritual. A mente se deslumbra com visões de espaços desconhecidos, viaja e descobre sensações novas. Com o tempo a pessoa tem necessidade de cada vez ingerir maior quantidade de droga para obter esses efeitos. Quando acontece de estar perto de outras pessoas ou entidades espirituais negativas, o drogado está totalmente indefeso, podendo ser facilmente manipulado para o mal.

X

O que fazer antes de praticar

Alguns procedimentos devem ser observados pelo canalizador antes da prática dos exercícios preparatórios e das atividades de canalização. Como esta é uma atividade que requer vontade e gosto pela tarefa de médium, é necessário que se tenha o tempo e a dedicação correta. Recomendamos neste capítulo alguns procedimentos que facilitam os contatos, além de criar um campo de proteção ao redor daquele que vai trabalhar com espíritos. Bem adiante, caso precise, o canalizador vai ajustar sua rotina ao seu gosto pessoal, criando sua própria maneira de agir. O médium irá, com o passar dos anos, aprimorando seus veículos e terá alguns contatos sem tanta preparação preliminar, como fez no período de aprendizagem. Aquele que inicia tem esses cuidados como uma forma de abrir mais os canais e como um modo de se proteger.

Quando começar

Estando já seguindo por uns dez dias a preparação para o corpo físico descrita no Capítulo VII, e tendo presente os cuidados com seus comportamentos para a preparação do corpo astral, descrita no Capítulo VIII, você vai escolher o dia em que vai iniciar sua atividade de canalizador. Não é preciso que este seja um dia de força astral especialmente grande, nem é necessário que o dia seja todo ele dedicado ao assunto. Faça um plano que lhe permita, pelo menos na fase de exercícios preparatórios, desenvolver suas atividades regularmente, para poder conseguir algum resultado. Uma vez por semana é excelente, mas, se quiser, pode fazê-lo duas vezes na semana ou uma vez de quinze em quinze dias. A freqüência depende só da sua vontade.

O horário é fator importante para o bom andamento dos exercícios. Escolha um horário em que possa dispor de meia a uma hora de sossego, num cômodo isolado e silencioso da casa, providenciando para que não seja perturbado por pessoas que entram e saem, música alta ou excesso de ruídos. Para algumas pessoas a única solução é fazer suas atividades em horários onde todos dormem, como de madrugada, pois durante o dia existe muito barulho em casa ou na rua.

O lugar

Prepare seu local com carinho, deixando-o limpo. É importante o que se vê durante as atividades, por isso tire do seu raio de visão quadros ou objetos de cores muito fortes. Qualquer que seja o ambiente, não é o luxo que conta. O que mais interessa é a sua harmonia com o lugar.

Você pode escolher um cômodo dentro de casa ou um lugar fora de quatro paredes. Dentro de casa prefira ficar perto de uma janela, para ter bastante ar puro. As flores, taça com água, velas e incenso costumam compor o ambiente, criando uma atmosfera que induz à concentração espiritual.

Separe o que vai usar e coloque à mão, para não precisar estar interrompendo seu trabalho indo buscar alguma coisa que necessita.

Você pode sentar-se numa cadeira ou poltrona. Preste atenção à postura, para não se cansar nem relaxar demais. Quem aprecia sentar-se no chão, tome o cuidado de colocar um pano limpo isolando o piso ou tapete onde se caminha.

Seu preparo pessoal

No dia em que vai canalizar evite comidas pesadas, carne e café. Procure não comer nada duas horas antes da atividade, mas faça todas as refeições como de hábito. Não convém fazer jejum nesse dia.

Desde cedo concentre-se na importância de sua tarefa, ficando alerta à sensações que experimenta. Se passar por alguma tensão muito forte ou viver situações emocionais que o transtornem, prefira adiar sua canalização até que seu equilíbrio retorne.

Antes de começar, convém tomar um banho e vestir roupas limpas, de cor clara. Prefira roupas folgadas e confortáveis, que não apertem na cintura, para não se sentir mal. Alguns alunos meus não gostam de usar roupas íntimas, preferindo uma calça larga ou uma túnica longa. Neste ponto o que mais importa é o bem-estar de cada um.

Algumas pessoas parecem captar vibrações de metais que estejam em contato com seu corpo. Eles relatam que essas vibrações impedem ou atrapalham os contatos mediúnicos e evitam usar qualquer tipo de metal enquanto estão canalizando. Isto acabou criando uma norma para os canalizadores experientes: eles não usam relógios nem jóias nem bijuterias, bem como evitam cintos com fivelas de metal muito largas e prendedores de cabelo.

Será que estou pronto?

Talvez você esteja mais pronto do que pensa quando chegar nesta parte do livro. Se leu tudo até agora com atenção e observou os procedimentos indicados, não há motivos, então, para esperar mais. Você está apto a começar.

A independência é uma característica dos canalizadores que desejam trabalhar sua mediunidade individualmente. São pessoas de mente aberta e ávidas por melhorar o mundo que habitam, querendo aprender em todas as fontes de conhecimento e sentir de maneira pessoal o que podem oferecer a si, aos seus entes queridos e à humanidade.

Para quem ainda está com algum temor, sugiro responder o questionário abaixo. Cada pergunta que você puder responder com um SIM honesto e verdadeiro contará um ponto. Se você conseguir apenas respostas afirmativas, pode tranqüilamente começar. Caso tenha algum NÃO, trabalhe no assunto antes de começar, até conseguir resolvê-lo, para que ele não se torne um obstáculo.

QUESTIONÁRIO

1. Você se considera uma pessoa sensível e intuitiva?
2. Suas expectativas ao se envolver com a canalização são honestas e reais?
3. Você está disposto a trabalhar com método e dedicação até conseguir algum resultado?
4. Você sabe separar fantasia e realidade?
5. Você pode garantir que nunca usará a canalização para prejudicar qualquer pessoa, mesmo que seja um inimigo?
6. Você sabe que usar a mediunidade é uma missão?
7. As pessoas costumam procurá-lo para contar os problemas ou pedir conselhos?
8. Você gosta de viver?
9. Você procura estar em sintonia com a natureza?
10. Você deseja trabalhar com guias de luz?
11. Está disposto a desenvolver trabalhos em cooperação com seus guias, aumentando suas capacidades naturais?

XI

Exercícios preparatórios

Os exercícios descritos neste capítulo destinam-se à preparação do canalizador, buscando os primeiros resultados concretos. Eles já são considerados uma atividade mediúnica, isto é, ao fazer esses exercícios, você estará desenvolvendo um trabalho com espíritos, mesmo que não possa de imediato percebê-los.

De início pensei em colocar neste capítulo apenas alguns dos exercícios que dão mais resultados, mas depois avaliei melhor e decidi fazer aqui uma exposição de várias técnicas que podem ser utilizadas. Não é necessário que você passe por todas elas, embora os exercícios que mostram como invocar o guardião e o protetor sejam indispensáveis para sua segurança.

Sugiro que o leitor leia rapidamente todo o capítulo e estruture como desenvolverá sua atividade, decidindo quais serão seus exercícios, podendo variar as técnicas que vai usar.

As atividades estão divididas em três grupos, de acordo com as características que possuem. O primeiro grupo de atividades cria uma proteção ao redor do canalizador, através da solicitação de um guardião e de um protetor. Esta primeira etapa eu considero essencial, pois ela vai criar em você e no ambiente a proteção que impedirá que as atividades sofram influências negativas, garantindo que sua pessoa não seja atingida por elas.

O segundo grupo de exercícios leva ao estado meditativo, que permitirá um estado alterado de consciência leve, mas satisfatório. São exercícios em diversos níveis, criando uma seqüência que pode ser variada à medida que você evolua nas técnicas meditativas.

O terceiro grupo ativará e abrirá os canais para que a ligação ocorra. Aqui estão descritas as atividades mais propriamente ditas de canalização. Não são as que mais tarde você vai preferir utilizar, pois são leves, destinadas ao iniciante. No capítulo seguinte você encontrará outras técnicas, mais completas, para uma etapa de desenvolvimento mediúnico mais avançada.

O correto será fazer uma seleção, escolhendo o que vai usar na sua sessão de trabalho. Sugiro que você escolha um exercício de cada grupo para compor a atividade. Assim deverá haver numa sessão completa: a invocação defensiva, a indução ao estado alterado de consciência através de meditação e depois a canalização propriamente dita.

Primeiro grupo: exercícios que criam uma proteção ao redor

1. O MELHOR GUARDIÃO É O SEU ANJO DA GUARDA

Ao iniciar qualquer atividade mediúnica, é necessário que o canalizador obtenha para si uma proteção. Um espírito guardião deve ser chamado para ficar perto e estará atento a tudo que se passe durante os trabalhos, protegendo e bloqueando as interferências que possam prejudicar.

Sente-se no lugar escolhido e faça algumas respirações profundas, até sentir que está desligado dos momentos que precederam o trabalho. Se quiser, pode fazer algumas respirações da Yoga. Quando se sentir pronto, feche os olhos.

Faça uma oração curta, como o Pai-Nosso ou a Ave-Maria. Caso deseje, fale a Deus com suas próprias palavras, mas observe para que não seja muito longo o seu discurso.

Mentalize a seguir um campo de energia ao seu redor, como uma bolha leve e colorida, que envolve o espaço mais próximo ao seu corpo. Peça a seu anjo da guarda que esteja ao seu lado, protegendo-o e zelando pelo seu bem-estar físico durante a atividade.

Vire as palmas das mãos para cima e imagine absorver energia para seu trabalho. Agradeça a defesa, unindo depois as mãos em prece e dizendo em voz alta: "Obrigado."

2. UM PROTETOR QUE ZELA PELO AMBIENTE DA ATIVIDADE

Também é interessante invocar um espírito protetor que se encarregue de impedir a presença de seres espirituais inferiores. Nem sempre os seres inferiores que se aproximam têm a intenção de causar grandes males, mas eles costumam perturbar e até impedir os contatos com os guias, fazendo muita confusão.

Em geral marca-se a presença desse protetor com algum objeto, que é um símbolo da sua proteção. Deve ser um objeto especial, que só você toque e que sempre estará no seu local de atividade. Alguns exemplos de objeto: um terço, um cristal, um bastão de madeira ou uma bengala, uma colher de pau, uma Bíblia ou outro livro sagrado, uma pequena estatueta de um santo ou outra figura. Apenas citei exemplos de objetos que já vi pessoas escolherem. É uma lista variada, porque variadas são as crenças pessoais, que sempre devemos respeitar. O importante é que você vai usar algo que pessoalmente lhe seja significativo e procure ter com este objeto alguma ligação.

Para estabelecer a proteção, faça assim: sentado, depois de invocar seu anjo da guarda, pegue o objeto-símbolo do protetor com as duas mãos e eleve-o acima da sua cabeça. Peça que um espírito especialmente preparado para a defesa do recinto fique zelando pelo lugar enquanto durarem as atividades. Coloque depois o objeto na direção da entrada, que geralmente é uma porta. Algumas pessoas preferem colocá-lo às suas costas, outras usam um ponto cardeal de seu gosto. O mais importante é repetir sempre esse procedimento como se resolveu fazê-lo das primeiras vezes. Uma vez que ele tenha ficado firmemente estabelecido, como um ritual, você jamais irá esquecer de repetir.

Costuma-se liberar o espírito protetor ao encerrar o trabalho, pegando seu objeto-símbolo e agradecendo a defesa obtida.

3. PROTEÇÃO DOS ELEMENTAIS

Se a sua ligação com a natureza é forte, talvez você prefira pedir um espírito guardião e um espírito protetor do reino dos elementais. Os elementais são criaturas simples, que coexistem com o homem e o auxiliam. Eles servem através da natureza, atuando pelo elemento ao qual pertencem. Assim, você pode pedir a proteção dos elementais da água, do ar, da terra ou do fogo.

Para invocar um elemental, costuma-se colocar por perto uma porção do elemento ao qual ele pertence. Você pode colocar um recipiente com um pouco de terra ou um vaso com plantas, se quiser pedir a guarda de um gnomo. Caso deseje a proteção dos elementais da água, chamados de ondinas, coloque uma taça de água por perto. Os espíritos do fogo, as salamandras, são atraídos por uma vela acesa. Incenso pode ajudar a contactar a defesa de um elemental do ar, chamados silfos.

Peça, depois da invocação ao anjo da guarda, que um elemental venha ocupar a posição de protetor do ambiente de trabalho. Faça assim: erga as mãos para o alto e, com os olhos fechados, mentalize que vem para o recinto a energia protetora da natureza. Respire fundo algumas vezes, imaginando que absorve força e proteção. Diga em voz clara qual o elemental que está invocando e termine agradecendo sua presença. Ao final dos trabalhos, não esqueça de liberá-lo, agradecendo novamente pela sua colaboração.

Nas páginas mais adiante, você encontrará um capítulo todo voltado para os elementais, que mostra como trabalhar com eles de diversas formas. Aqui apenas relatamos como pedir que um elemental atue como espírito protetor.

4. UM PROTETOR DA SUA RELIGIÃO

Algumas pessoas preferem pedir por proteção a um santo ou santa de sua devoção, bem como existem aquelas que invocam deuses ou entidades específicas da sua religião.

Aqui cabe um parêntese. Talvez pareça estranho dizer que um católico vai se dedicar à canalização, pois essa atividade contraria um dogma da Igreja Católica, que não aceita a reencarnação. No entanto, sabemos através de inúmeros exemplos que um número muito significativo de católicos aceita a reencarnação.

O canalizador não faz de sua atividade mediúnica uma religião. Ele mantém sua fé e continua a freqüentar sua igreja, pois além de necessitar do apoio espiritual que ali encontra, assim procedendo está mais defendido contra o mal.

Se quiser pedir que uma entidade da sua religião venha cuidar da defesa do ambiente, pode fazer sua invocação em seguida à do anjo guardião, da mesma forma que fez esta. Ter à vista uma imagem ou figura da entidade solicitada parece que ajuda a imaginar sua presença, mas isso não é o essencial. Aqui o que mais conta é a devoção que se tem nesse protetor.

Segundo grupo: exercícios que levam à meditação

1. CONCENTRAÇÃO COM UM FOCO VISUAL

Para meditar é necessário que você possa manter sua mente sob controle. A mente é muito escorregadia e, embora cada um pense que mantém sobre ela um domínio satisfatório, sabemos que isso é muito difícil de acontecer.

Este exercício pode ser feito logo após as invocações dos espíritos guardião e protetor. Escolha, para fazê-lo, um objeto qualquer. Pode ser algo que está por perto, mas também pode ser algo que você deseje observar mais atentamente.

Coloque este objeto à sua frente. Observe-o por dois minutos em concentração, procurando perceber sua totalidade. Caso venham pensamentos exteriores à atividade, não os retenha, retorne concentradamente à observação. Depois, feche os olhos e reconstrua sua forma na sua mente. Quando estiver certo de havê-lo imaginado bem como é, abra os olhos e observe-o novamente por dois minutos. Agora tenha mais cuidado com os detalhes, para poder conseguir sua reconstrução mental de modo mais perfeito. Volte a fechar os olhos para a nova reconstrução mental. Você verá que da segunda vez isso parecerá mais fácil.

O mais importante deste exercício é, como diz seu título, a concentração da mente num foco. Enquanto estiver envolvido com a tarefa, você dará uma direção firme e ordenada aos seus pensamentos, evitando que eles fiquem interferindo na sua atenção.

Com a prática deste exercício, sua atenção e capacidade de concentrar-se numa atividade vão aumentar significativamente. Mais tarde, na hora de meditar, você vai sentir mais facilidade. Quando estiver impedido de fazer alguma coisa, como, por exemplo, num ônibus ou numa fila, experimente praticar a concentração.

2. CONCENTRAÇÃO COM SÍMBOLOS ARQUETÍPICOS

Os esotéricos podem usar a técnica de concentração com um foco visual, trocando o objeto qualquer que sugerimos por algo mais próximo da sua atividade. Talvez seja mais interessante ter à vista uma carta do Tarô ou uma mandala.

O exercício deverá ser efetuado da mesma maneira, não permitindo que a mente saia da observação atenta do elemento que está no campo visual. Se a mente começa a divagar, a concentração não está acontecendo efetivamente.

O mais importante num exercício de concentração é conseguir obter a limitação dos movimentos cerebrais, mantendo-os num círculo restrito. Com um foco visual, disciplina-se a atividade mental, obrigando a ficar só dentro do limite imposto por ele. Assim o número de idéias diminui e pode acabar acontecendo que a mente se ocupe de uma só idéia, o que mais tarde, durante a meditação, se consegue eliminar também. Vem aí o estado de vazio mental, necessário à meditação.

3. CONCENTRAÇÃO DE ENERGIA FÍSICA

O canalizador que esquece que é composto de mente e corpo tende a ficar em desarmonia, por isso trabalhe sempre as duas coisas em paralelo. Este exercício permite uma concentração da energia absorvida, revigorando o corpo.

De pé, olhos fechados, braços ao lado do corpo, respire até regularizar sua respiração. Quando estiver bem harmônico, vá inspirando e erguendo os braços lateralmente, com as mãos abertas, dedos bem separados. Ao chegar no alto, feche as mãos com força, retendo por um instante a respiração. Abra as mãos e solte o ar lentamente, abaixando os braços. Você pode também ficar na ponta dos pés, como se quisesse alcançar alguma coisa lá no alto. Repita por mais duas vezes.

O mais importante desse exercício é fechar as mãos lá no alto, mentalizando que pega uma força para você. Imagine que esta força vem do alto, que ela está à espera de quem necessita, como uma fonte inesgotável de energia.

4. CONCENTRAÇÃO DOS SONS INTERIORES

Para este exercício, você terá que estar num lugar quieto. Sentado, tampe seus ouvidos e escute seu silêncio interior. Depois dos primeiros instantes você começará a ouvir sons de diferentes amplitudes. Concentre-se na tarefa de perceber esses sons, mas procure não formular conceitos, a mente deve apenas se dedicar a ouvi-los.

A variação dos sons interiores vai sendo percebida em sua grande e intensa quantidade à medida que se pratica mais e mais. Você começará a perceber sons agudos, graves, intensos e sutis. Tenha sempre o cuidado de perceber os sons, mas evite criar qualquer tipo de pensamento sobre eles, senão a concentração estará perdida.

5. CONCENTRAÇÃO COM MANTRAS

Se você tem preferência por sons externos, pode usar os mantras para sua concentração. Sugerimos que você faça uso do mantra OM, pois ele é bastante adequado a esse tipo de exercício, não oferecendo nenhum perigo.

Sentado e de olhos fechados, repita o som OM lenta e continuamente, sem esforço respiratório. Concentre-se somente na emissão de voz e na sua percepção auditiva. Vá repetindo e não permita que pensamentos interfiram. Caso eles ocorram, deixe que passem, não os retenha.

O mantra a ser usado pode ser outro, se for melhor e mais indicado para seu caso. Lembramos apenas que mantras devem ser usados com conhecimento, por isso só use outro mantra se o recebeu através de estudo profundo ou instrução de algum mestre. Não use outro mantra apenas por ter lido em algum livro que ele existe.

Você também pode usar a gravação de um mantra se preferir fazer assim o exercício. Neste caso a atividade estará um pouco sujeita ao tempo da gravação. Por isso atente para que ela seja longa o suficiente para não terminar antes que você esteja pronto.

6. MEDITAÇÃO COM ORAÇÃO

Quando você estiver acostumado a se concentrar com eficiência, poderá passar para a meditação. Este estado é diferente da concentração e só pode atingi-lo quem já consegue concentrar-se satisfatoriamente.

A meditação é um esvaziamento da mente, é deixá-la em branco, disciplinando-a. Há durante a meditação uma capacidade acentuada da percepção, mas os conceitos, que conduzem aos pensamentos, não existem. Todo tipo de pensamento mundano cessa ao meditar-se, por isso é comum acontecer durante a meditação uma sensação maravilhosa de estar noutras dimensões, como se você estivesse "fora deste mundo".

Meditar é um aprendizado longo. Ele não é tão simples que possa ser alcançado de imediato, já ao ler instruções do que é e de como fazê-lo. Como processo individual, varia de pessoa para pessoa, mas através da prática, perseverando, todos podem alcançar um estado meditativo satisfatório.

Sua importância para o canalizador está na limpeza mental que ele proporciona, permitindo que a canalização seja mais rápida e fácil.

Como não escrevemos um livro de meditação, deixaremos aqui descritos alguns exercícios a serem praticados antes de canalizar. Esses recursos meditativos vão preparar sua mente para canalizar, permitindo que ela ocorra bastante satisfatoriamente.

O primeiro exercício vai usar uma oração para ajudar na meditação. Você pode usar qualquer oração de sua preferência, desde que não seja muito longa. Caso não tenha alguma, sugiro esta:

SOU FILHO PERFEITO DE DEUS
TENHO FÉ
TENHO SAÚDE
TENHO AMOR
TENHO PROSPERIDADE
OBRIGADO, MEU DEUS.

Sente-se e feche os olhos. Repita esta ou outra oração em voz baixa, lenta e suavemente. Repita dessa forma por duas ou três vezes e continue depois a repeti-la mentalmente. Impeça que pensamentos intrusos venham distrair sua mente. Caso isso ocorra, deixe que ele vá, não retenha esse pensamento. Quem praticou bastante a concentração antes de tentar meditar terá facilidade para conseguir ficar atento à oração.

Depois, quando sentir que já está sofrendo alguma alteração na sua consciência, suavemente passe a repetir mentalmente apenas a palavra DEUS. Termine num estado de suspensão mental plena, cessando qualquer repetição. Este estado pode ser muito fugaz e passageiro a princípio, sendo cortado por qualquer pequena coisa que a venha perturbar, mas quando for adquirindo mais e mais domínio sobre a mente, ele se tornará duradouro.

7. MEDITAÇÃO COM OS ASTROS E O FIRMAMENTO

Neste exercício escolhe-se para ponto de partida na concentração um astro ou o céu. Vamos imaginar que se escolheu o Sol. Mentalize esse astro e sua luz, fazendo uma idéia da cor que ele emana. Concentre-se na pulsação da luz emitida e focalize sua atenção primeiro no global da figura. Aos poucos vá dirigindo sua mentalização para o ponto central do círculo solar, firmando sua mente num pequeno ponto.

Permaneça assim até que seu estado mental seja naturalmente alterado. As diferenças deixarão, então, de existir. Você se tornará uno com a energia do Sol, profundamente mergulhado na sua luz.

Repita o exercício outro dia, variando o foco. Use a Lua cheia ou crescente, um planeta ou estrela. Se quiser poderá também imaginar um céu azul ou um céu noturno.

8. MEDITAÇÃO DAS VIRTUDES

Este exercício ajuda a purificar sua natureza espiritual, permitindo que suas dificuldades sejam eliminadas através da dedicada intenção de se aprimorar. Como o esforço exigido para esse tipo de meditação pode deixá-lo exausto, sugerimos não repeti-lo freqüentemente.

Sente-se e feche os olhos. Escolha uma das virtudes relacionadas abaixo para foco da sua meditação. Mentalize essa qualidade encerrada numa linda caixa que está no alto de uma colina íngreme. Pense nas vantagens de adquirir tal virtude e comece a subir o caminho que o levará até ela. Sinta obstáculos e imagine esforços proporcionais à dificuldade íntima que tem para adquirir esse valor.

Ao chegar no alto, abra a caixa e imagine que alcançou seu intuito plenamente. Repita o nome da qualidade por várias vezes e torne-a o foco da sua concentração. Ao sentir que alterou sua consciência, pare de repetir essa palavra e sinta-se perfeito e uno com Deus.

Você pode trabalhar as virtudes:

ALEGRIA
HUMILDADE
FRANQUEZA
SINCERIDADE
CORAGEM
PACIÊNCIA
AMOR PURO

PERDÃO
GENEROSIDADE
EQUILÍBRIO
PERSEVERANÇA
LIMPEZA

9. MEDITAÇÃO "EU SOU"

Esta meditação costuma ajudar a pessoas que não possuem muita consciência de sua natureza divina. São pessoas tímidas, pouco ambiciosas. Algumas se contentam em ficar seguindo os passos de outros, hesitando na hora de demonstrar suas capacidades, que terminam por adormecer. Não quero dizer que este exercício não beneficie pessoas mais determinadas e confiantes. Ele ajuda a todos, mas notei que sobre as primeiras seus efeitos são ótimos.

Sente-se, feche os olhos e repita a frase: EU SOU O QUE SOU. Repita essa frase várias vezes. Em seguida passe a dizer a mesma frase sem a última palavra. Depois de algum tempo, suprima de novo a última palavra. Faça assim até ficar apenas com a palavra EU.

Você vai, então, ter repetido por diversas vezes:

EU SOU O QUE SOU
EU SOU O QUE
EU SOU O
EU SOU
EU

Quando estiver com apenas a última palavra, EU, cesse a repetição audível e passe a repeti-la mentalmente, usando-a como foco para a concentração.

O estado meditativo deverá surgir naturalmente, a partir da concentração criada. Esvazie a mente e aproveite para se unir a Deus como se vocês dois formassem uma unidade só.

Este exercício tem uma variação interessante. Você pode fazer a seguinte escala:

DEUS
DEU
EU

10. MEDITAÇÃO COM TEMAS BÍBLICOS

Nesta meditação, em que o foco será uma frase da Bíblia, você deverá escolher uma frase da Bíblia que lhe seja significativa. Se não tem uma em mente, abra o livro ao acaso, trabalhando a primeira frase que lhe parecer interessante. Pessoalmente, tenho preferência por frases extraídas dos Salmos, dos quais gosto especialmente.

Você poderá repetir a frase até que consiga um bom estado de concentração. A partir daí a meditação se processará como conseqüência natural, conforme já relatamos nos exercícios anteriores. Não é necessário, mas sugiro que você deixe a Bíblia aberta à sua frente, usando-a como foco visual.

Este exercício pode ser variado com a utilização de textos de qualquer outro livro sagrado, principalmente por aqueles que possuem outra fé que não a cristã.

11. MEDITAÇÃO COM O PONTO OU COM MANDALAS

O ponto é em todas as religiões a representação de Deus. Nas mandalas, tanto ocidentais como orientais, ele possui essa conotação divina, pois é em torno do ponto central que se desenvolve todo o desenho da mandala.

Meditar usando um ponto é, portanto, extremamente benéfico. Escolha um papel com o tamanho de uma folha de livro e faça nele, com caneta preta, um ponto. Ele deve ter uma dimensão maior para que possa ser visto a dois metros de você. Fixe o papel na parede e sente-se a essa distância dele.

Com os olhos bem abertos, procurando não piscar, firme seu olhar no ponto. Olhe até que saiam lágrimas de seus olhos. Então feche os olhos e reconstrua mentalmente esse ponto.

Geralmente essa visão interna do ponto ao fechar os olhos é automática, podendo ser percebida imediatamente, sem nenhum esforço mental. Ele costuma ser percebido em negativo.

Quando a imagem do ponto começar a se desfazer, abra os olhos e retome a concentração. Durante todo o tempo que julgar necessário se concentrar, tenha o ponto como único foco mental. Quando sentir que está pronto, passe ao estado meditativo.

Quem preferir usar uma mandala vai dirigir seu olhar para o ponto central do desenho, depois de olhar por alguns momentos para o desenho como um todo. Repita para a meditação com mandala tudo o que foi descrito acima para o ponto desenhado no papel.

Terceiro grupo: exercícios que ajudam a contactar espíritos

Os exercícios desse grupo podem ser feitos depois da meditação, embora não dependam em nada do resultado dela. Caso você não tenha conseguido atingir um estado meditativo, ao tentar fazê-lo já conseguiu controlar bastante sua mente, evitando que agora ela fique dispersa. Dessa forma, estará em condições excelentes para praticar um exercício do terceiro grupo.

Neste ponto os exercícios vão direcionar sua canalização para objetivos que o preparam para sua missão. Através da prática desses exercícios, você estará ativando energia e abrindo seus canais. Mesmo que não perceba, não estará mais sozinho. Será testado, assistido, ajudado e guiado por seres de capacidade muito semelhante à sua, mas que esperam que você realize uma tarefa num campo onde eles possuem dificuldade para realizar. Para os espíritos, atuar no mundo físico é complicado, por isso é muito fácil conectar um ser espiritual quando se abre um canal limpo e honesto para que ele possa, através dele, se manifestar e realizar suas obras.

1. O USO DO CRISTAL

Para criar um campo energético favorável à canalização, muitas pessoas relatam ter facilidade de sintonizar quando usam um cristal. Se você resolver usar um cristal, deverá escolher a pedra com atenção, pois é muito importante que ela tenha algumas características específicas.

Prefira as pedras não lapidadas, em estado bruto. Pode também usar uma pedra um pouco trabalhada, mas cujas características foram respeitadas. A cor da pedra, seu tipo e tamanho ficam a seu gosto. Sugiro que vá comprá-la num lugar onde haja muita variedade, para poder ficar olhando e passeando pelas prateleiras até que uma pedra em especial chame a sua atenção. Quando isso acontecer, pegue-a e sinta o que essa pedra lhe passa. Se ainda não tiver certeza, continue olhando as outras até que se decida, por intuição, qual é a "sua" pedra. Algumas pessoas levam vários dias até encontrar a pedra certa.

Observe que o cristal tenha as duas partes, positiva e negativa ou masculina e feminina, isto é, que ele tenha uma parte nebulosa, como nuvens, e uma parte cristalina e transparente.

Para preparar a pedra, limpando-a de energias absorvidas pelo contato com outras pessoas que a tocaram antes de você, tome alguns cuidados. Primeiro coloque o cristal numa vasilha de louça ou plástico, cobrindo-o com água onde dissolveu cerca de uma colher de sopa de sal grosso. Deixe-o submerso por 24 horas. Depois, retire-o e enterre-o. É preferível que ele seja enterrado no chão do seu jardim ou quintal, mas se mora em apartamento, pode trazer um recipiente com terra ou usar um vaso de plantas para enterrá-lo. Ali a pedra descansará por mais 24 horas. Por fim, desenterre o cristal, lave bem, usando uma escova, caso ele esteja muito sujo. Coloque a pedra para secar ao sol. No primeiro dia em que a Lua estiver cheia, deixe-o exposto à luz da Lua.

A limpeza do cristal deve ser feita novamente depois de um ano ou sempre que outra pessoa que não você toque na pedra. Guarde o cristal envolto em um pano de seda ou outro tecido que não seja de fibra sintética. Periodicamente exponha-o à luz da Lua cheia.

Existem bolas de cristal que podem ser usadas em vez da forma mais bruta da pedra. Quem preferir usar uma bola de cristal deve tomar cuidado para que ela tenha, além da sua transparência, umas nuvens internas. Assim ela estará bem-equilibrada, com sua parte masculina e também sua parte feminina, como já explicamos.

Quando for praticar a canalização, tenha esse cristal por perto, mesmo que não vá usá-lo para a atividade.

Para se exercitar e canalizar com a ajuda de um cristal, faça assim: depois de invocar um guardião e um protetor para o ambiente, coloque a pedra à sua frente. Estenda suas mãos sobre ela e, com os olhos fechados, absorva sua energia. Depois, abra os olhos e comece a concentrar-se nela. Procure atingir o estado meditativo usando o cristal como foco. Essa primeira parte do exercício é chamada de focalização. Quando julgar num bom nível sua sintonia com a pedra e sentir que sua consciência está pronta, passe à invocação e percepção das entidades que estão presentes. Não dirija o que se passa com você. Apenas mentalize que está aberto e lúcido, pronto a estabelecer contato.

Sempre que fizer um exercício do terceiro grupo, você deverá ter à mão papel e lápis para poder fazer anotações, caso o espírito queira se manifestar através da escrita. Se sentir vontade de ter por perto outros elementos, como tintas, instrumento musical ou outro material qualquer, faça-o.

O que acontecerá a partir da abertura do canal vai depender de você e do guia contactado. A partir desse ponto, sua experiência será pessoal e única. Pode demorar a haver manifestações, mas isso não deverá desestimulá-lo. Também pode acontecer que desde o primeiro instante você consiga canalizar algum espírito.

Se sentir um tremor nas mãos ou alguma indicação, mesmo que manifesta por um pensamento, siga a sugestão e deixe que seu corpo seja usado. Escreva o que lhe vier à mente ou atue como lhe for solicitado. Muitas vezes o médium não está em transe, mas não consegue racionalizar o que faz, apenas sente uma compulsão para agir. Permitir que um espírito atue através de você no mundo físico é um ato que requer amor e confiança no guia contactado. Essa atividade é maravilhosa e plena de alegrias.

Não esqueça de anotar, depois de cada atividade, tudo o que aconteceu, relatando suas sensações e seus contatos, como sugerimos. Fazer um diário é muito interessante para avaliações futuras do progresso obtido.

Observe que o cristal é um elemento que mais tarde poderá ser dispensado, pois sua finalidade é condensar sua energia num foco único. Quando seu elo com os guias for bem solidificado, ele poderá ser aos poucos deixado de lado ou apenas ser usado para compor o ambiente.

Todos os recursos, como cristais e outros objetos usados pelo iniciante, são válidos para uma fase preliminar, desde que eles não se tornem um elemento indispensável à canalização. Quando acontecer a evolução, o médium tenderá a abandonar esses recursos, pois sentirá segurança para agir independentemente. Não inveje os médiuns que apenas sentam e começam a escrever um livro sem fazer nenhuma preparação. Você também chegará a esse ponto.

2. A PREPARAÇÃO DE UM AMBIENTE DE TRABALHO

Se você pode dispor de uma sala para suas atividades mediúnicas, ou tem um local onde costuma trabalhar sua espiritualidade, é importante que prepare esse ambiente para receber seus guias no momento em que eles chegam. Isso pode ser feito com uma canalização específica.

Onde trabalho existem duas salas. Uma delas é usada para o trabalho de leitura de Tarô e também para dar passes. A outra é mais ampla e vazia, ali faço um trabalho de recomposição de aura, é onde ensino respiração, faço relaxamento e aplico cristais. Os dois ambientes foram preparados para esse uso exclusivo e quando vou ali trabalhar estou sempre assistida pelos meus guias.

Sinto que há mais de um guia a me auxiliar, acredito mesmo que é um grupo com várias linhas de ação, pois nunca faço um trabalho igual ao outro, nunca dou uma orientação planejada. A atividade de atendimento vai fluindo tão naturalmente que já desisti de fazer um planejamento e sigo o ritmo sem controlar nada. Sinto-me como um veículo guiado por uma estrada suave e sem obstáculos. Sou capaz de trabalhar até doze horas seguidas, sem tempo nem para comer, e não sinto o menor cansaço. Já fui até lá com dores e febre, bastante indisposta. Assim que comecei a atuar, tudo sumiu.

É evidente que mantenho anotações detalhadas de cada um dos atendimentos que faço, pois disso depende a avaliação do progresso que cada cliente vai apresentando. Contudo, embora mantendo meu trabalho tão racionalmente dentro de normas adequadas, ele me escapa e, de repente, tudo o que faço não sou eu quem faz. Isso é canalizar. Confiando totalmente nos meus guias, tenho tido sucessos e recompensas maravilhosas.

Preparar o ambiente, entregando-o aos espíritos colaboradores, agiliza o processo de colaboração mútua. Aí entra também uma certa disciplina, mantendo um trabalho regular. Por exemplo: se eu vou todo dia num determinado horário, os guias já estarão prontos a iniciar a atividade quando eu chego. Mas se eu começar a falhar e ficar toda hora mudando dia e hora, aí será necessário invocar e esperar que os guias venham trabalhar. E se eles estiverem envolvidos com outras responsabilidades? Acho que é importante uma certa, mas não rígida, rotina de trabalho. Isso facilita muito que ambas as partes consigam atuar em sintonia.

Como fazer a preparação do ambiente? Não é difícil. Primeiro arrume o lugar de modo que ele seja limpo, simples e adequado ao que pretende fazer. A beleza pode ter espaço, com alguns objetos que criem uma decoração simpática para quem chega. Já o luxo é totalmente dispensável. Na sala onde faço recomposição de aura há apenas uma pequena árvore desidratada, um colchonete e uma esteira. Isso é o que basta para minha atividade.

Alguns dias antes de começar seu trabalho, passe a fazer canalização nesse lugar especial. Quando terminar seus exercícios, faça uma invocação, solicitando assistência espiritual para as atividades que vai ali desenvolver. Escreva, fale ou mentalize em quais dias isso deverá acontecer. Solicite a espécie de auxílio que vai precisar, deixando claro que tipo de guia lhe seria útil.

Para facilitar, vou dar um exemplo:

INVOCO AOS SERES DE LUZ PROTEÇÃO ESPIRITUAL PARA ESTE AMBIENTE.
QUE A PAZ E O SERVIÇO AO PRÓXIMO ORIENTEM O TRABALHO QUE AQUI SERÁ DESENVOLVIDO.
QUE EU SEJA ILUMINADO E ASSISTIDO POR ESPÍRITOS VIDENTES, POR ESPÍRITOS CAPAZES DE CURAR E POR ESPÍRITOS PROTETORES.
COLOCO-ME À DISPOSIÇÃO PARA AGIR EM SINTONIA COM OS SERES DE LUZ QUE ME HONRAREM COM SUA COLABORAÇÃO, POIS SEI QUE SEM ELES SOU PEQUENO E INCAPAZ DE LEVAR ADIANTE MINHA MISSÃO.
ROGO POR PROTEÇÃO CONTRA OS ESPÍRITOS DAS TREVAS QUE AMEACEM MINHA INTEGRIDADE FÍSICA E ESPIRITUAL, BEM COMO A DE TODOS QUE AQUI VIEREM BUSCAR AUXÍLIO.
AGRADEÇO DE TODO CORAÇÃO, OBRIGADO.

Repita essa oração cada vez que for trabalhar no lugar, podendo variar e adaptar as palavras à vontade. Se necessitar de um tipo especial de guia, canalize um pouco antes, solicitando o tipo de ajuda que vai precisar.

É muito importante ter fé no que está fazendo, não desacreditando do auxílio que receberá. Mesmo que não aconteça nenhuma manifestação do mundo espiritual, se você for merecedor e estiver sinceramente motivado a agir pelo bem, será assistido por seres de luz.

3. PURIFICAÇÃO DO CORPO ESPIRITUAL OU CURA DO FÍSICO

Uma interessante atividade de canalização pode ser realizada para que se efetive no nosso corpo espiritual uma purificação ou no corpo físico a melhora geral. Da mesma forma, esse exercício presta-se aos que estão doentes. Nessa atividade os seres invocados serão solicitados a efetuar um trabalho de limpeza física e espiritual, recompondo e regenerando as células.

Sentado, faça a invocação do espírito guardião e protetor, passando depois a um exercício do grupo dois. Ao terminar com as atividades preliminares, deite-se e dedique-se a abrir seus canais para a ação dos espíritos curadores.

Faça neste momento, se quiser, dessa invocação uma prece, para solicitar que um espírito possa atendê-lo. A oração de São Francisco e o Salmo 7 podem ser usados, bem como qualquer outra oração de sua preferência.

Vou deixar registrada a prece que costumo utilizar. Caso goste do formulário que pessoalmente uso, verá que ele é simples mas efetivo:

> SERES DE LUZ DO PLANO ESPIRITUAL QUE ESCUTAM MINHA PRECE, PEÇO QUE ME SEJA DESIGNADO UM GUIA PARA ESTE MOMENTO, QUE SEJA CAPAZ DE ME AJUDAR.
> SEI QUE MEU CORPO É PERFEITO E QUE A DOENÇA É UMA ILUSÃO, MAS GOSTARIA DE SER PURIFICADO (OU CURADO), POIS SINTO ALGUMAS ALTERAÇÕES ESPIRITUAIS (OU FÍSICAS) QUE ESTÃO ME PERTURBANDO.
> SENDO NECESSÁRIO O AUXÍLIO DE UM ESPÍRITO CAPAZ DE LIDAR COM ALTERAÇÕES QUÍMICAS NA MINHA ENERGIA, INVOCO SUA PRESENÇA. AGRADEÇO PELA AJUDA QUE ESTOU RECEBENDO E ENTREGO-ME AOS SEUS CUIDADOS, CONFIANTEMENTE.
> SEU ESFORÇO SERÁ PARA MIM UMA BÊNÇÃO.
> OBRIGADO.

Em seguida à invocação, respire tranqüilamente, apenas pelo nariz. Fique com os olhos fechados e, se sentir sono, não lute contra ele, pode dormir. As atividades de canalização onde se busca a purificação e a autocura são as únicas onde o sono não irá interferir, pois os espíritos invocados vão trabalhar sem necessidade da nossa interação.

É essencial para esta atividade uma fé verdadeira na capacidade pessoal de receber ajuda. Por isso, julgo conveniente fazer um parêntese para comentar sobre o maior inimigo para uma pessoa que está buscando se curar, seja física ou espiritualmente. A culpa é esse inimigo. Se você tem sentimentos de culpa, trabalhe sua auto-estima antes de invocar um guia, dizendo a si mesmo que merece, tanto quanto qualquer outra pessoa, ajuda. Se você fica pensando em assuntos passados e criando culpas de todo tipo, é bem possível que num nível inconsciente termine por se julgar menos merecedor que os outros. O sentimento de culpa acaba quando se tem coragem de confessar o erro e sentir arrependimento; é aí que ele deve terminar. Reconheça o erro, arrependa-se e ponha uma pedra por cima do assunto. Ninguém pode curar-se de um mal espiritual ou físico se vive a pensar em erros passados. Daqui para a frente é que conta.

4. EXERCÍCIO PARA ENCONTRAR UM GUIA INSTRUTOR

Quando um canalizador necessita estabelecer contato com um guia para uma atividade de aprendizado em especial, deve canalizar buscando uma entidade que o possa ajudar. Através da invocação desse orientador você terá ajuda de um guia em sintonia com suas energias e conhecimentos necessários para a tarefa a ser desenvolvida.

Por exemplo, se você deseja aprender sobre runas e desenvolver sua capacidade de prever o futuro usando esse oráculo, pode canalizar um espírito que já possui sabedoria e facilidade para ajudá-lo. Provavelmente será uma entidade com conhecimentos dirigidos para essa área, que irá somar às naturais capacidades que você possui sua experiência passada.

Já observei que funciona colocar no ambiente onde se faz o exercício alguns objetos ou livros sobre aquilo que queremos trabalhar. Parece que o guia certo é mais facilmente atraído pelas coisas que conhece. Uma vez que ele vai nos ensinar ou, pelo menos, nos facilitar o aprendizado sobre um tema específico, esses objetos criam uma aura que ele identifica melhor. No exemplo acima, para quem quer aprender sobre runas, seria interessante ter por perto um jogo de runas, um livro sobre esse tema ou uma figura de um dos deuses nórdicos.

Para esse exercício, você fará primeiro um exercício do grupo 1 e um do grupo 2. Em seguida, abra os canais, mentalizando o tipo de ajuda que precisa. Uma oração de invocação pode ser feita, sendo bastante interessante fazê-la com palavras que definam o tipo de ajuda que está necessitando.

Se você não tem idéia de como poderia fazer uma oração para esse tipo de pedido, experimente esta, que costumo usar:

SENHOR, MEU CORAÇÃO É LEVE E QUER VOAR COMO OS PASSARINHOS.
MINHA MENTE É CURIOSA E QUER MAIS CONHECIMENTO.
DIRIGE, SENHOR, MEUS PASSOS COM SEGURANÇA, PARA QUE EU POSSA TRILHAR A SENDA DA SABEDORIA.
PRECISO DE AJUDA PARA ENCONTRAR............. (diga aqui qual o tipo de guia que espera encontrar e o que necessita dele).
TU ÉS A LUZ QUE AQUECE E CLAREIA MINHA VIDA,
FAZE COM QUE MINHA FORÇA SE CONCENTRE,
PARA QUE EU POSSA BEM AGIR E APRENDER.
OBRIGADO.

5. *EXERCÍCIO PARA APROXIMAR UM GUIA QUE ACOMPANHE SEU DIA*

Em alguns dias estamos sem energia ou precisamos de uma proteção extra. Canalizar já cedo, pedindo que um guardião especial nos acompanhe durante o dia, facilitando e protegendo nossos passos, pode ser de grande valia.

Faça primeiro um exercício do grupo 1 e um do grupo 2. Em seguida passe à abertura dos canais, deixando que se aproxime o espírito que irá se encarregar da sua defesa.

Estes guias apreciam velas, incensos e água, que sugiro ter por perto durante a invocação. Pode-se usar uma oração como a do anjo da guarda ou o Salmo 22. Se quiser pode usar esta oração, minha preferida:

DA GRANDE LUZ DIVINA VENHAM OS SETE RAIOS DE PROTEÇÃO E PODER QUE ALIMENTAM MINHA ALMA TÃO VAZIA.
DA MÃE TERRA VENHAM OS SETE SUSTENTÁCULOS DA MINHA EXISTÊNCIA MATERIAL.
INVOCO NESSA HORA DE NECESSIDADE,
AUXÍLIO E PROTEÇÃO PARA O DIA QUE VOU TRILHAR.
OBRIGADO.

6. EXERCÍCIO PARA AUMENTAR SUAS CAPACIDADES EXTRAFÍSICAS

Quando se considerar necessitado de mais energia para desenvolver suas atividades espirituais, peça ajuda a um guia ou a um grupo de guias que possam trazer reforço à sua atividade.

Sempre é interessante definir a linha espiritual que poderá ajudar na maior energização que precisa para aquele momento. Por exemplo, se deseja usar o Do-in para massagear uma pessoa com dores, faça uma canalização invocando a ajuda de um guia oriental, que já tem alguma sintonia com essa atividade. Já quando quiser participar de um ritual na praia, fazendo uma homenagem a Iemanjá, será interessante que peça reforço energético a uma entidade do Candomblé ou da Umbanda. Cada espírito tem atributos próprios, por isso, apelando para a entidade certa você terá maiores benefícios. Isso não significa que você tenha que ser adepto da religião; é um recurso que serve para um momento em que se está necessitando de colaboração espiritual, para poder aumentar de forma extrafísica sua capacidade de agir materialmente.

Sei que pode parecer estranho para a maior parte das pessoas, que possuem uma fé e seguem uma religião plenamente, alguns dos conceitos que coloco de maneira arbitrária. Pode também parecer que há uma mistura, o que não é verdade. Em primeiro lugar, a canalização independe de crença religiosa e igreja. Você pode manter sua fé e canalizar. Em segundo, minha posição está de acordo com a idéia da maior parte dos esotéricos: de que todas as religiões verdadeiras, que não exploram a crença do povo, falam das mesmas verdades e que, bem no fundo, há apenas uma fonte onde todas se alimentaram. Assim, todas as entidades que são de uma religião possuem força e poder conferidos legitimamente por Deus.

Este exercício deve ser feito após as atividades escolhidas do grupo 1 e 2. Ele pode preceder o ritual ou atividade de que se vai participar, isto é, você pode já em seguida continuar com o que pretende fazer.

Após a parte inicial, com atividade dos grupos 1 e 2, feche os olhos e erga os braços, com as mãos abertas. Respire profundamente, mentalizando que absorve energia para o ritual que vai se iniciar. Inspire e expire três ou cinco vezes, até ficar bem energizado. Então, com os braços ainda elevados, faça a invocação. Peça, com suas palavras, um reforço extrafísico para o importante trabalho que vai realizar e termine agradecendo a ajuda.

Como este exercício costuma causar um pouco de tontura, prefira fazê-lo sempre sentado.

Caso não saiba usar uma fórmula pessoal para pedir um guia, pode usar esta:

> INVOCO DAS LUZES AUXÍLIO PODEROSO, PARA QUE EU POSSA DESEMPENHAR A MINHA OBRIGAÇÃO COM FACILIDADE.
> SEI QUE SOZINHO MINHAS FORÇAS NÃO BASTAM PARA DAR CONTA DE TANTA RESPONSABILIDADE.
> A IMPORTÂNCIA QUE TEM ESTE MOMENTO REQUER UM REFORÇO EXTRAFÍSICO, QUE UM GUIA HABILITADO EM .... (diga aqui de qual tipo de energia ou linha espiritualista necessita ajuda) PODE SUPRIR.
> OBRIGADO.

XII

Técnicas avançadas de contatos espirituais

Depois da fase onde se treinam e despertam os dons mediúnicos você já pode se considerar com os canais abertos e totalmente preparado para canalizar sem problemas.

Começa, então, uma época muito proveitosa e agradável, quando você terá a oportunidade de se desenvolver muito mais. Acabam as restrições e rigidez que são essenciais para disciplinar a mente e organizar o veículo físico. É claro que, se o canalizador retorna aos velhos hábitos e descuida-se, irá regredir. Mas, se ele usa os poderes obtidos por merecimento de forma adequada, vai ter, a partir deste momento, experiências ricas e valiosas.

Quando estiver bem treinado, você pode dispensar a meditação, indo direto para a canalização. Isso não significa que o hábito de meditar deve ser abandonado. Apenas ele não será uma atividade essencial antes de canalizar, e vai se tornar um processo independente. Pessoalmente prefiro meditar e canalizar em horas distintas, em dias diferentes, pois gasto muito tempo em cada uma das duas atividades.

Nunca deixe, porém, de fazer a proteção pessoal e do ambiente antes de canalizar. Essas duas são obrigatórias e essenciais.

As técnicas descritas neste capítulo são chamadas de avançadas porque exigem alguma experiência antes de serem desenvolvidas, senão nada vai ocorrer. Elas não são perigosas, apenas não funcionam para o médium pouco preparado. Isto é, se você somente leu o livro até este capítulo, mas não praticou nada do que foi descrito até agora, talvez seja quase 100% certo que não conseguirá resultados se for canalizar através dessas técnicas.

Selecionei seis técnicas importantes, que produzem resultados efetivos, tanto na vida material como na vida espiritual. A escolha terá critério pessoal; fica dependendo da sintonia que você sentir com a atividade descrita a decisão de qual vai usar.

Primeira atividade: os quatro elementos

Toda atividade ligada aos quatro elementos é interessante e produtiva, pois liga o homem com o Universo. Os símbolos que vamos usar para os quatro elementos são originários dos druidas, mas esses símbolos possuem, mais remotamente ainda, origem celta. Caso você deseje usar algum outro grupo de símbolos, faça a substituição.

FOGO: TERRA: AR: ÁGUA:

Fogo, ar, terra e água. Cada pessoa tem sua predileção e sente influência mais forte de um desses elementos. Geralmente o signo solar astrológico determina nosso elemento pessoal, que é o mais atuante na nossa estrutura física e psíquica. Os signos astrológicos formam grupos de três para classificar as pessoas de acordo com o elemento ao qual pertencem:

SIGNOS DO FOGO: Áries, Leão e Sagitário.
SIGNOS DA TERRA: Touro, Virgem e Capricórnio.
SIGNOS DO AR: Gêmeos, Libra e Aquário.
SIGNOS DA ÁGUA: Câncer, Escorpião e Peixes.

Quando se deseja obter as qualidades de um elemento, é interessante estabelecer uma forte ligação com esse elemento, o que pode ser feito através da canalização. Uma sintonia com a natureza do elemento e suas fontes é também importante. Se eu vou sintonizar as forças do elemento água, por exemplo, é preciso que eu esteja perto da água, em profunda ligação orgânica com ela, para poder absorver suas qualidades.

O elemento FOGO dá ao homem energia, força e poder de ação. Em momentos onde é necessário obter mais força física, dá muito resultado sintonizar esse elemento. O fogo é importante para dar incentivo ao trabalho e para abrir negócios, pois com seu estímulo haverá muito vigor para romper barreiras. O entusiasmo é outra qualidade que vem desse elemento.

O elemento TERRA dá ao homem a capacidade de acumular o produto de seu trabalho, não permitindo que disperse o resultado obtido na correta aplicação de suas energias. A terra é importante para criar uma base sólida, como casa e família. Ela facilita a vida, pois o homem tem para onde voltar depois de suas labutas.

O elemento AR dá ao homem liberdade e capacidade de mudar o rumo de sua vida. Com sua influência é possível estudar, viajar e ter muitas idéias criativas. O ar é importante para permitir a evolução da mente, quando já estão resolvidas as necessidades materiais da vida. Ele faz com que a pessoa possa se expandir, indo procurar em novas fontes o alimento para sua alma.

O elemento ÁGUA dá ao homem a sensibilidade de perceber o outro ser humano e também faz com que ele possa entrar em outros reinos, normalmente invisíveis. A mente que adquire as propriedades da água é capaz de tudo penetrar, descobrir e investigar profundamente.

O homem sempre começa sua jornada espiritual pelo FOGO, pois está ainda preso às necessidades básicas da sua sobrevivência física. Em seguida ele estabelece com o elemento TERRA uma base segura e sente-se apto a investigar, com o elemento AR, novos espaços. Sua grande descoberta espiritual acontecerá sob a influência do elemento

ÁGUA, que lhe permitirá ir ao máximo que é permitido por suas condições evolutivas.

Como resolver qual elemento trabalhar? Isso deve ser feito após uma pesquisa íntima dos objetivos que lhe são mais importantes no momento em que vai fazer a canalização. Também é possível trabalhar o elemento do seu signo solar astrológico. Você certamente saberá como fazer essa escolha.

Procure estar perto do elemento ao canalizar, como um rio ou praia, caso vá trabalhar o elemento água. O elemento terra exige que você trabalhe no solo, forrado com uma esteira ou toalha. O elemento ar pede um espaço ao ar livre. O elemento fogo pode ser obtido com uma pequena fogueira ou fogo aceso em um recipiente.

Caso trabalhe dentro de apartamento, o que hoje é mais comum acontecer, por motivos de segurança ou por pura falta de condições de ficar perto da natureza, use outros recursos. Coloque um copo ou taça de cristal para simbolizar o elemento água. Incenso serve para o elemento ar e uma vela para o elemento fogo. A terra pode ser representada por um vaso de flores ou um prato com terra ou areia.

Numa folha de papel, mais ou menos do tamanho ofício, desenhe o símbolo do elemento que vai ativar, segundo o que foi exposto acima. Se quiser usar outra simbologia, fica a seu critério, pois em nada vai alterar a atividade. Esse desenho deverá ficar à vista durante o exercício e pode ser um auxiliar da concentração.

Faça exercícios respiratórios e depois coloque música para fazer um relaxamento. Durante o relaxamento, viaje mentalmente através dos quatros elementos, assumindo formas variadas.

Primeiro mentalize que é uma salamandra, o elemental do fogo. Imagine uma fogueira e que essa salamandra, você, está saindo das chamas. Sinta o calor do fogo. Em seguida, ande pelo solo ressecado e árido, indo até um lugar onde a terra é úmida e fofa.

Ali assuma a forma de um touro pesado e grande. Imagine que caminha lentamente por essa terra, afundando-a sob suas patas, sentindo com suas narinas o odor de terra molhada.

Aos poucos vá perdendo peso e diminuindo até se tornar uma

águia. Imagine que abre suas asas e se eleva em um vôo solto e livre, passando por cima de montanhas altas. Sinta o ar fresco, com muito oxigênio, ao seu redor.

Mais tarde pouse à beira de um rio que desce das montanhas e assuma, por fim, a forma de um peixe de escamas douradas. Deixe que a correnteza o leve, mas depois imagine que essa correnteza vai diminuindo e o rio se represa em um lago. Entre mais fundo nas águas, investigando o lado escuro das suas profundezas. Volte, depois de fazer suas descobertas, nadando para águas menos profundas. Ali repouse revigorado e tranqüilo, até retomar sua forma humana.

Quando terminar a mentalização e o relaxamento, abra os olhos e canalize a energia do elemento que está trabalhando. Volte-se para apenas um dos quatro elementos, aquele que escolheu para o trabalho. Fixe bem seu símbolo e depois envolva-se fisicamente com ele. Sinta o calor do fogo, se foi esse o elemento escolhido ou sintonize a energia da terra, o ar ao seu redor ou a água. Procure sentir o elemento com seus cinco sentidos, um de cada vez: visão, tato, audição, olfato e até, talvez, paladar.

Depois dessa estreita ligação com o elemento, feche os olhos e abra os canais para o que vier. Procure não dirigir o que vai receber, nem invocar uma atividade específica. Deixe que o próprio elemento lhe traga o espírito. Ainda que não sinta uma comunicação perceptível, podemos afirmar com segurança: este tipo de atividade sempre atrai entidades simpáticas e dispostas a ajudar bastante. É certo que resultados práticos serão notados na vida diária, através de facilidades e de caminhos abertos.

Segunda atividade: o anjo da guarda

Manter contato direto, conversando e vendo seu anjo da guarda, é o sonho de muitas pessoas. Não é difícil canalizar esse protetor e amigo. Ele está sempre perto de nós. Essa proximidade, apesar de aliada, pode ser também causadora de alguns obstáculos para contactá-lo. Ele nos conhece profundamente e só se deixa perceber quando nos julga merecedores.

O amparo do anjo da guarda pessoal é sempre existente, mas para muitas pessoas ele nunca é percebido. É como o ar que se respira: essencial à vida, mas pouco valorizado.

Muitas pessoas consideram anjos uma ficção religiosa, e para essas devo dizer que é preciso pesquisar, pois deve haver algum fundamento intelectual ou científico que comprove sua existência. Senão, como explicar sua presença em todas as religiões? Os anjos são encontrados na história da raça humana em diversas épocas, em diferentes povos e culturas.

As crianças conseguem, quando ainda pequenas, perceber seu anjo, sendo por ele guardadas e assistidas durante sua evolução. Mais tarde, essa capacidade de perceber nosso anjo vai se extinguindo, até sermos obrigados a um grande esforço que nos permita retomar o dom que já foi nosso.

Durante o exercício, se quiser, pode ter à vista algo que lembre o seu anjo, como uma imagem num quadrinho ou uma pequena estatueta. Arrume flores e acenda uma vela na frente da imagem. Os anjos gostam de perfumes florais, principalmente rosas. Incenso também pode ser usado.

Sente-se num lugar tranqüilo e execute exercícios respiratórios. Em seguida, faça uma oração pedindo que seu anjo da guarda se manifeste e se torne perceptível. Caso não saiba fazer uma prece com suas próprias palavras, use esta, que eu costumo fazer:

ANJO DA GUARDA,
MEU ETERNO PROTETOR,
TUA PRESENÇA
AMPARA-ME
GUIA-ME
ENSINA-ME
PROTEGE-ME.
ANSEIO POR SENTIR ESSA PRESENÇA
COM MEUS SENTIDOS.
ROGO A TI QUE TE FAÇAS PRESENTE

QUANDO ME JULGAR MERECEDOR.
JÁ FUI PEDRA
JÁ FUI PLANTA
AGORA SOU...................(diga seu nome).
ATENDE AO MEU PEDIDO
QUANDO ME JULGAR PRONTO.
PEÇO QUE SEJA SEM MUITO TARDAR,
POIS MEU CORAÇÃO ESTÁ ANSIOSO.
OBRIGADO.

Essa atividade deve ser repetida várias vezes, até que aconteça o encontro. Você pode ter sorte e com poucas vezes conseguir que se estabeleça o contato. Caso isso não aconteça, insista, nem que seja por vários meses, até obter resultado.

Vou relatar minha própria experiência com meu anjo da guarda, talvez isso incentive você a fazer esse tipo de canalização. Desde que resolvi estabelecer contato com ele, tentava mais ou menos duas vezes por semana. Era bastante insistente, pois estava necessitando de uma orientação para tomar algumas decisões importantes na minha vida profissional. Achei que canalizando meu anjo da guarda, as resoluções que deveria tomar me seriam dadas automaticamente.

Observem, eu já estava partindo de um ponto equivocado. Só que eu não podia perceber isso e insistia, mas nada acontecia. Achei que não estava sendo aplicada o suficiente e aumentei o número de vezes que praticava durante a semana para três, e procurava ter mais tempo em cada sessão. E o tempo passava...

Depois de uns três meses, meus problemas, que não podiam ficar esperando, me forçaram a tomar decisões e eu desisti de esperar pela ajuda astral do meu anjo. Fiquei muito decepcionada. Logo numa hora tão importante ele me deixava na mão!

Abandonei os exercícios para canalizar o anjo, atirei-me de cabeça no que a vida material me exigia e que não podia esperar mais minhas indecisões terminarem. Não deixei de canalizar, fazia os exercícios respiratórios, invocava um espírito guardião e um espírito protetor e deixava que o mundo espiritual ficasse a meu redor. Algumas vezes sentia vontade de desenhar ou escrever e produzi alguma coisa nesse período.

Na vida material, tudo se acelerava, eu construía a que é hoje minha casa de atendimento. Não foi fácil. Precisei vender uma parte do terreno para comprar o material necessário, mas em oito meses tudo estava pronto para eu começar a atender.

Na véspera do que seria meu primeiro dia de trabalho lá, senti sono muito cedo. Eu estava mesmo muito cansada, pela excitação vivida durante o dia e pelo trabalho de deixar tudo preparado. Fui dormir às nove e meia. Às quatro da manhã acordei completamente descansada, mas sentia-me amortecida. Queria, mas não conseguia me erguer da cama. De repente percebi um movimento ao meu lado e uma claridade azulada. Então ele veio até mim. Era de pequena estatura, pareceu-me idoso, estava vestido com uma túnica branca, com um cordão amarrado na cintura e não ficou mais do que um segundo à vista, o bastante para conseguir vê-lo por inteiro. Sua primeira aparição foi rápida, mas ele me deixou uma mensagem: "Para que você precisava me chamar, se era capaz de fazer tudo sozinha?"

Essa lição me mostrou que eu estivera tentando fazer um contato em bases erradas, pois desejava que meu anjo da guarda viesse para resolver assuntos que eram meus, sobre os quais ele não deveria opinar. Pedir que um anjo resolva alguma coisa para você, isto é, deixar a seu cargo decisões importantes, é querer que ele interfira no seu livre-arbítrio e isso o mundo espiritual não admite. Cada um é construtor do seu destino.

Terceira atividade: os arcanjos

Os arcanjos são líderes na hierarquia angelical. Suas funções os colocam numa situação de poder fazer contato com os homens e com as entidades chamadas de ELOHIM, que estão estreitamente ligadas a Deus. As mensagens enviadas a Deus chegam muito rapidamente quando enviadas através de um arcanjo. Por isso, canalizar e tentar ligação com os arcanjos é sempre produtivo, principalmente nos momentos de crise, pois sempre há um resultado perceptível.

Escolhemos os quatro principais arcanjos. Vamos descrever as características de cada um deles para que você possa decidir com qual irá trabalhar durante o exercício.

ARCANJO MIGUEL:
- elemento: fogo.
- posição: sul.
- estação do ano: verão.
- cor básica: vermelho.
- signos astrológicos: Áries, Leão e Sagitário.
- ajuda a derrubar o velho e trazer o novo.
- dá proteção física.
- ensina a paciência.

ARCANJO URIEL:
- elemento: terra.
- posição: norte.
- estação do ano: inverno.
- cor básica: branca.
- signos astrológicos: Touro, Virgem e Capricórnio.
- governa a alquimia e a terceira visão.
- auxilia a quem quer se aproximar dos espíritos da natureza.
- resolve os assuntos urgentes.

ARCANJO RAPHAEL
- elemento: ar.
- posição: leste.
- estação do ano: primavera.
- cor básica: verde.
- signos astrológicos: Gêmeos, Libra e Aquário.
- é auxiliar na cura das doenças.
- governa o sucesso e os estudos.
- ele é o guardião do Santo Graal.

ARCANJO GABRIEL

- elemento: água
- posição: oeste.
- estação do ano: outono.
- cor básica: azul-claro.
- signos astrológicos: Câncer, Escorpião e Peixes.
- dá iluminação e esperança à vida.
- guarda os lugares sagrados e as águas do planeta.
- governa a intuição e os sonhos.

Cada pessoa tem mais facilidade para manter contato com um desses quatro arcanjos, não é difícil determinar qual é o seu. Muitas vezes, quem lê as características dos arcanjos já percebe intuitivamente qual é aquele que mais sintoniza ou que precisa invocar. Mas se esse não é o seu caso, use um dos recursos abaixo:

1) escolha pelo seu signo solar da astrologia.

2) escolha pelo que mais necessita no momento:
saúde – Raphael.
amor – Raphael ou Gabriel.
dinheiro – Miguel.
problemas urgentes – Uriel.
trabalho – Miguel ou Uriel.
acordo – Raphael.
viagens – Raphael.
mediunidade – Gabriel.

3) escolha pela primeira vogal do seu nome:
primeira vogal A – qualquer um dos quatro arcanjos.
primeira vogal E – arcanjo Raphael.
primeira vogal I – arcanjo Miguel.
primeira vogal O – arcanjo Gabriel.
primeira vogal U – arcanjo Uriel.

Depois de selecionar o arcanjo, separe a vela da sua cor, conforme está indicado nas suas características. Tenha também incenso de aroma floral ou de madeira. Se gostar, pode ter também por perto flores e água.

Execute os exercícios respiratórios, faça a invocação do guardião e do protetor do ambiente, como de costume. Em seguida, acenda a vela do arcanjo, o incenso e feche os olhos. Imagine-se cercado por uma luz branca que vem do alto da sua cabeça. Sinta que essa luz o envolve e dá leveza ao seu corpo.

Quando se sentir preparado, erga os braços e transforme mentalmente essa luz em uma infinidade de raios da cor básica do arcanjo que deseja trabalhar. Fique algum tempo assim, inundado pelos raios coloridos.

Depois, abra os olhos, abaixe os braços, invoque verbalmente o arcanjo do qual necessita apoio e com o qual deseja sintonizar. Faça essa invocação com suas palavras, começando pelo nome do arcanjo. Feche os olhos novamente e abra os canais, esperando confiantemente pelo auxílio ou contato.

Se não tem facilidade para fazer uma invocação com suas próprias palavras, experimente fazer esta:

.........................(nome do arcanjo)
ARCANJO DE LUZ!
VINDE EM MEU AUXÍLIO.
PURIFICAI-ME
REVIGORAI-ME
LIGAI-ME A DEUS.
VOSSO RAIO
ILUMINA MINHA VIDA
E É CAPAZ DE ME DAR O RUMO.
OBRIGADO.

Não é preciso, mas gostaria de dizer mais uma vez que, mesmo não havendo nenhuma manifestação perceptível, sua ligação com o arcanjo se estabelecerá e suas forças estarão ativadas.

Quarta atividade: os planetas

Na astrologia os planetas regem todos os assuntos humanos, governando nossa vida. É curioso que os planetas que se consideram astrologicamente não são apenas os planetas da astronomia, mas nessa classificação entram também o Sol e a Lua.

Fazer canalização com um objetivo específico, dirigindo as energias para um planeta, costuma trazer resultados materiais, pela ativação das forças do astro invocado.

Antes de descrever o exercício, é necessário dar algumas informações básicas sobre a influência que os planetas podem exercer sobre a nossa vida, para quem não está muito familiarizado com a astrologia. Como vamos usar o símbolo do planeta, estão também relacionados os símbolos de cada um deles.

MERCÚRIO
assuntos: estudo, escritos, contratos, viagens, transportes, mensagens, mudanças, cartas.
cor: verde.
dia: quarta-feira.
signo: Gêmeos e Virgem.

VÊNUS
assuntos: amor, artes, teatro, música, moda, namoro, festas, beleza, sociedades, casamento.
cor: azul.
dia: sexta-feira.
signo: Touro e Libra.

MARTE
Assuntos: operações cirúrgicas, médicos, dentistas, militares, esportes, armas, iniciativa, força e energia física.
cor: vermelho.
dia: terça-feira.
signo: Áries.

JÚPITER
assuntos: finanças, justiça, religião, filosofia, comércio, jogo, viagens ao exterior, curso universitário.
cor: violeta.
dia: quinta-feira.
signo: Sagitário.

SATURNO
assuntos: terras, construções, agricultura, antigüidades, pessoas de idade, aposentadoria, karma.
cor: marrom.
dia: sábado.
signo: Capricórnio.

URANO
assuntos: eletricidade, astrologia, magnetismo, remédios, tecnologia, idéias avançadas, mudanças inesperadas.
cor: verde-esmeralda.
dia: quarta-feira.
signo: Aquário.

NETUNO
assuntos: intuição, esoterismo, mar, sonhos, ocultismo, segredos, a humildade, mentiras, futuro.
cor: azul-esverdeado.
dia: sexta-feira.
signo: Peixes.

PLUTÃO
assuntos: força sexual, entusiasmo, transformações, radicalismo, heranças, morte, transmutação.
cor: vermelho-escuro.
dia: terça-feira.
signo: Escorpião.

SOL
assuntos: profissão, favores, amizades, riquezas, emprego, chefes e superiores, autoridades, governantes.
cor: amarelo.
dia: domingo.
signo: Leão.

LUA
assuntos: mudanças, água, viagens, comércio, pesca, casa, líquidos, psiquismo, segredos e ilusões.
cor: branco ou prata.
dia: segunda-feira.
signo: Câncer.

SÍMBOLOS:

☿ MERCÚRIO
♀ VÊNUS
♂ MARTE
♃ JÚPITER
♄ SATURNO
♅ URANO
♆ NETUNO
♇ PLUTÃO
☉ SOL
☽ LUA

Quando resolver canalizar com base nos planetas, escolha um deles pelo assunto que deseja trabalhar ou pelo seu signo de nascimento. Pode fazer o exercício no dia da semana relacionado ao planeta, mas isso não é essencial. Se desejar usar uma vela, use de preferência uma da cor indicada nas características do planeta ou uma vela branca.

Desenhe numa folha de papel branca o símbolo do planeta escolhido e coloque na sua frente. Execute exercícios respiratórios e depois concentre-se no planeta e nas energias que ele pode ativar.

Use o desenho do símbolo, traçado numa folha de papel, como foco da sua concentração.

Tente depois imaginar o astro e sua posição no céu, girando pelo espaço, acima da sua cabeça. Mentalize que dele irradiam raios coloridos, da mesma cor que está relacionada nas suas características. Esses raios são transmitidos por entidades capazes de ativar e facilitar determinados temas da humanidade. Imagine-se beneficiado por essa luz colorida, que vai limpando seu caminho. Respire profundamente e abra mais ainda os canais.

A partir desse início, sua atividade será dirigida por seres planetários. O que pode surgir depende do seu nível evolutivo e kármico. Algumas pessoas recebem apenas estímulos e incentivos na vida diária, mas cada vez é mais comum os canais receberem mensagens de mentes do espaço.

Este tipo de exercício é fascinante. Se você tem vontade de estabelecer contatos extraterrestres, vai apreciar a atividade com base nos planetas como ponto de partida para contactar outros sistemas e galáxias.

Quinta atividade: a ponte

Este exercício costuma ser muito valioso para momentos de passagem. Ele vai conectar duas fases de vida ou duas etapas evolutivas. Não é para ser realizado sem objetivo definido, pois poderá estabelecer algum contato que precipite a passagem antes da hora certa. Você vai ter aqui a descrição de uma atividade que deverá ser realizada apenas na hora em que estiver necessitando dela.

Para ficar mais claro, vou citar alguns períodos em que ele terá sua validade. Por exemplo, uma mãe está com dificuldade para aceitar a passagem dos filhos da adolescência para a idade adulta, não se sentindo tranqüila quando entrega a direção do carro a seu filho ou vê que ele está constituindo sua família ou, ainda, ele vai morar noutra casa. Outro caso é a época da aposentadoria, em que a pessoa pode estar se sentindo despreparada para aceitar uma certa inatividade. Um exemplo para pessoas mais jovens: chegou a hora de ingressar no mercado de trabalho, depois de terminar seus estudos.

A atividade sugerida vai se destinar a aproximar os guias certos, com capacidade de assistir o processo de passagem, mas sem interferir nele. Esses guias prestarão ajuda apenas quando preciso, pois ficarão avisados de que em algum momento pode ser necessário um socorro.

Separe para este exercício uma fotografia ou desenho de uma ponte. Não é difícil encontrar esse tipo de ilustração, mas aconselho você a procurar com cuidado para encontrar a figura mais bonita que puder. Os pintores impressionistas franceses gostavam de pintar lindas pontes sobre o rio Sena; talvez seja uma dessas que eu tenha em mente quando falo em uma bonita ponte.

Se quiser, use vela, água e incenso. Faça exercícios respiratórios e use a ponte da gravura que selecionou para estabelecer um bom estado de concentração. Não mentalize a passagem que tem a fazer, nem tenha como foco pensamentos sobre esse assunto. Apenas olhe a figura concentradamente.

Depois de uns 10 minutos, passe à invocação do auxílio que é necessário para que esta passagem se realize sem transtornos. Faça a invocação dos espíritos com palavras suas, deixando claro o que espera deles e qual o tipo de guias julga mais importante ter por perto. Abra-se a qualquer tipo de contato que possa surgir, deixando seus canais livres.

Se você tem dificuldade em fazer a invocação, use esta:

SERES DE LUZ, AJUDEM-ME.
CHEGOU A HORA,
SOU CHAMADO A UMA NOVA VIDA.
SINTO-ME DESORIENTADO
POIS NÃO SEI COMO......(diga aqui qual sua passagem a fazer)
PRECISO DE AUXÍLIO PARA AVANÇAR.
SERES ILUMINADOS, ESCUTEM-ME.

CONFIO QUE ME SERÃO ENVIADOS
GUIAS CAPAZES DE...(diga aqui quais tipos de guias precisa)
OBRIGADO.

Este exercício deve ser repetido durante todo o tempo em que estiver passando pelo processo. Ele vai atrair os guias certos para seu lado, mesmo que você não possa perceber.

Nas horas em que se sentir um pouco desorientado, refaça mentalmente o desenho da ponte e imagine que está sendo levado suavemente de um lado para outro dela por seres de luz. Sinta como se seu corpo não tivesse peso nenhum, que isso acontece muito tranqüilamente.

Sexta atividade: o portal

Esta também é, como a precedente, uma atividade que tem hora certa dentro da sua existência para ser executada. O modo de agir será muito semelhante, mas os objetivos são outros.

Quando se abre uma porta e se passa por ela, tanto se pode estar entrando como saindo, não é? Pois é isso aí. Você vai fazer esse tipo de exercício quando precisar de apoio espiritual para atravessar alguma porta.

Por exemplo, você vai sair de uma cidade em busca de uma vida melhor noutra. Você vai começar um trabalho ou pretende iniciar um negócio. É hora de assumir uma responsabilidade amorosa ou deixar um amor desgastado. Quem sabe, iniciar um tratamento de saúde.

Na vida abrimos e fechamos muitas portas, mas talvez elas se abram e se fechem em horas erradas, sem nossa interferência, como se uma força negativa agisse. Com auxílio espiritual, talvez esse abrir e fechar aconteça sem tanto trauma, como às vezes ocorre.

Selecione uma fotografia ou desenho de um portal. Não serve uma porta comum, dessas que existem nas casas. Precisa ser uma porta especial, como os portais gregos ou romanos. Algo bastante imponente, marcante, que nos faça ter respeito pela porta que vamos abrir ou fechar.

Proceda como no exercício anterior, fazendo respiração e concentração tendo como foco a figura. Na hora da invocação peça auxílio a apenas um guia, ore por uma entidade que possua muita força e entusiasmo para acompanhá-lo nesse momento. Abra seus canais e receba o auxílio, que certamente acontecerá, mesmo que você não se dê conta dele.

Para quem sente dificuldade em pedir com suas palavras, sugerimos usar esta invocação, que é simples, mas contém os elementos necessários:

DEUS DE LUZ E DE AMOR,
PEÇO QUE ME DESTINE UM GUIA.
NECESSITO DE AUXÍLIO PARA... (diga qual a porta que vai transpor)
ASSIM, BEM ASSISTIDO,
SEGUIREI MAIS CONFIANTE E SEGURO.
OBRIGADO.

Como a pessoa deve ser bastante decidida quanto a abrir e fechar suas portas, não repita esse exercício para a mesma finalidade. Só o faça quando for para outro assunto.

Já me disseram que este exercício é quase igual em objetivo ao anterior. Talvez para você também esteja parecendo assim. Veja bem: não são atividades iguais, nem em objetivo nem em resultado; vamos ver por quê.

A técnica da ponte destina-se a instantes onde se vai fazer a passagem de um período a outro da existência, claro que com portas a abrir e fechar, mas essa época abrange um certo espaço de tempo. Uma passagem não se faz de uma hora para outra, ela se desenvolve durante dias, meses e até anos. Já a técnica do portal é para um episódio, que pode ou não acabar envolvendo uma passagem, mas ela acontece em determinado momento bem marcado, dura instantes.

Por exemplo, um estudante vai fazer vestibular. A porta que ele deverá abrir pode resultar ou não numa passagem posterior. Outro exemplo, uma pessoa vai encontrar pela primeira vez alguém de quem gosta muito. Esse encontro é uma porta a abrir, que pode, ou não, resultar numa passagem para outra etapa da sua vida.

Pelas diferenças já analisadas, a técnica do portal antecede o fato que ela pretende facilitar com a ajuda espiritual. No caso dos exemplos: nas vésperas das provas do vestibular ou antes de sair para o encontro amoroso. Deixe para fazê-la na véspera ou horas antes de abrir (ou fechar) a porta. Faça-a apenas uma vez.

A técnica da ponte estende-se por um certo período, determinado pela necessidade, e você saberá estabelecer quantas vezes vai repeti-la. Ela ajuda a conseguir facilidades durante o tempo em que a passagem estiver ocorrendo.

Na técnica da ponte invocam-se vários espíritos, tantos quantos se façam necessários, de acordo com as diversas fases da passagem. Na do portal, apenas um guia é solicitado e ele atuará apenas naquele momento.

XIII

Testando os espíritos

Quando as atividades mediúnicas são cercadas pelos cuidados indicados até agora, é quase certo que não existirão problemas para o canal. Contudo, sempre convém testar os espíritos quando se estabelece um contato inicial.

O primeiro teste deve ser seu próprio bom senso, seguindo as orientações do seu Eu Superior. Qualquer sugestão de uma entidade que contrarie seu procedimento normal deve ser rejeitada. Você não pode fazer nada por sugestão de um espírito sem avaliar a qualidade do que lhe é pedido. Um guia de luz jamais poderá sugerir algo errado ou duvidoso.

Outra forma de perceber um contato incorreto é observar se o guia dirige seus pensamentos ou atos, induzindo-o a tomar decisões sob sua influência. Um ser de luz nunca interfere no livre-arbítrio de um ser humano, pois isso é contra as regras do mundo espiritual. Apenas seres do pólo oposto, sem luz, fazem o papel de juízes e são capazes de interferir no destino da pessoa, convencendo-a a agir como eles decidem.

Se você fizer algum contato com um ser menos evoluído, nem

sempre ele será de uma negatividade intensa. Há alguns espíritos brincalhões, que se divertem em confundir e atrasar a evolução dos canais, sem causar a eles grandes danos. Em geral é fácil afastar esses seres, que possuem pouca força. Recite algum salmo ou outra oração mais forte, já no primeiro instante que perceber sua influência. Eles são responsáveis por barulhos externos que perturbam a concentração na hora dos exercícios, pelos atrasos e coisas que dão errado nas horas das atividades. Sempre os afaste com uma oração e, ao terminar essa oração, encaminhe a entidade em paz para seu meio.

O questionário abaixo, seguido de comentários, vai servir para você fazer um teste de avaliação do seu contato espiritual:

1. Como se sente após a canalização? Está bem, tranqüilo e energizado?

Caso isso não esteja acontecendo, algo está errado. Atenção! A canalização não costuma esgotar fisicamente a pessoa.

2. O contato está fazendo você evoluir e crescer?

Quando um guia de luz trabalha conosco, nossas alterações são sempre para melhor. Se você se sente estacionado ou regredindo na vida espiritual, pode estar havendo um contato negativo.

3. Já agiu alguma vez contra sua vontade, por ordem ou indução desse guia?

Se isso ocorreu, saiba que essa entidade é negativa. Um ser de luz não atua sobre o livre-arbítrio de um ser humano.

4. Tem recebido muitos avisos de desastres ou profecias assustadoras? O que é pior, essas predições estão se realizando?

Uma entidade positiva jamais causa medo ou assusta a pessoa, é mais comum que seu guia afaste o mal do que o aproxime de você. Os espíritos negativos plantam no ser que eles querem destruir a semente do medo, através da dúvida, que acaba gerando a situação que eles próprios sugeriram.

5. Tem às vezes feito coisas que parece não ser você quem fez?

Se tem canalizado um espírito e ele está alterando seu comportamento, talvez esteja acontecendo uma influência negativa.

6. Está fumando, ingerindo bebida alcoólica ou usando drogas e fazendo canalização?

Esses comportamentos o expõem a espíritos sem luz. Pare de canalizar imediatamente, abandone os hábitos que destroem sua aura e espere algum tempo até estar em melhores condições.

7. Depois que começou a estabelecer ligação com esse guia, tem agido impulsivamente ou tem lapsos de memória?

Espíritos sem luz impelem a pessoa a praticar atos por impulso (assim você age como eles querem, pois não tem tempo para pensar) ou fazem a pessoa ter a memória prejudicada.

8. Sente irritação quando lê ou fala sobre espíritos negativos que assediam os seres humanos?

Essa pode ser uma indicação de que há espíritos negativos por perto, pois eles costumam provocar repulsa por tudo que poderá mostrar ao canalizador sua presença.

9. Tem tido variações súbitas de humor ou uma tristeza repentina que não pode explicar a causa?

Quando um espírito negativo está perto, nosso humor varia, como também a alegria nos abandona.

Essas perguntas, feitas a si mesmo, podem permitir uma avaliação do tipo de guia que está sendo contactado. Elas falam de algumas alterações que sofre o canal que se liga a um ser sem luz.

Há uma série de questões que podem ser colocadas diretamente para um espírito que já esteja sendo contactado, caso você tenha com ele um bom nível de comunicação. Das suas respostas virá uma visão bem clara do grau de evolução desse guia.

Selecionamos perguntas que podem ser respondidas com SIM ou NÃO, pois assim você poderá usar uma técnica de respostas usada pelos guias quando nos encontram com dificuldade para receber respostas.

Faça assim. Separe lápis e papel e sente-se a uma mesa. Esteja certo de que não vai ser interrompido. Execute os exercícios respiratórios, a seguir invoque o protetor e o guardião. Faça uma oração pedindo que seu guia faça contato e, quando estiver certo de sua presença, respeitosamente peça-lhe que responda a algumas questões.

Pegue o lápis e tenha o papel à frente. Diga em voz alta sua primeira pergunta, feche os olhos e escreva a resposta, se já consegue um nível de contato que lhe permita isso. Se não consegue ainda ouvir ou receber a resposta por outro meio, apenas faça uma série de pequenos traços no papel. Depois conte o número de traços feitos. Se esse número for par, considere como resposta SIM, se o número de traços for ímpar, considere a resposta NÃO.

Muitos canais têm facilidade para estabelecer uma escrita ditada por seu guias. Chama-se a isso psicografar. Outros, porém, sentem que não conseguem essa forma de conexão. Para estes, resta o recurso acima descrito, que é muito efetivo, embora só possa trazer como resposta SIM ou NÃO.

Eis algumas perguntas, com as quais se podem testar os espíritos:

1. Você é capaz de me dar uma decisão a respeito de....(mencione aqui um assunto que está querendo resolver)?

Já repetimos várias vezes que um espírito de luz não pode interferir na vida do canal, nem mesmo com os mais benéficos intuitos, pois essa é uma lei do reino espiritual. Assim, quando receber uma resposta afirmativa a esta pergunta, fique alerta.

2. Eu posso perder minha capacidade de contactar você com alguma coisa que eu faça?

Um espírito positivo deixa de contactar os que não possuem atitudes corretas ou usam sua mediunidade para prejudicar outras pessoas. Sempre que um espírito diz aceitar tudo que você faz, algo está errado.

3. Você pode me dar dinheiro ou amor?

Um espírito positivo é capaz de ativar dentro de você as capacidades latentes que o levarão ao sucesso, mas ele jamais trará em suas mãos nada de material, porque isso é sua obrigação conquistar. Já os espíritos negativos vão lhe fazer promessas bem sedutoras e diriam SIM a esta questão.

4. Posso experimentar alguma substância que me faça mais lúcido ou que me ajude a estabelecer nos meus contatos espirituais um nível mais satisfatório?

Se o espírito responder SIM a esta questão, ele não vai lhe trazer muitos benefícios. Um ser positivo sabe que as substâncias que alteram sua consciência o deixarão vulnerável. Um espírito iluminado jamais induz alguém a esse tipo de experiência.

5. Se eu perseverar conseguirei fazer mais contatos e melhorar minha atividade de canalização?

Um espírito de luz responderá SIM a esta pergunta, mas um espírito negativo será capaz de dizer NÃO. Assim ele vai desanimar você para evitar que receba apoio espiritual durante sua evolução, contactando um bom guia.

6. Agora que fiz contato com um guia, poderei contar com você para tudo que necessitar?

Só um espírito negativo teria coragem de responder SIM a esta pergunta, pois um ser de luz sabe que seus poderes são limitados e que ele não está autorizado a interferir em muitos acontecimentos da vida de um ser humano.

7. Eu só posso fazer contato com guias de certo nível de evolução?

A resposta de um guia de luz a esta pergunta é NÃO, pois quando um ser humano vai evoluindo durante sua existência, os guias com os quais faz contato são cada vez mais evoluídos também.

8. Posso ensinar canalização a outras pessoas?

Um guia de luz responderá SIM a esta questão, pois essa atividade só beneficia as pessoas, que através dela evoluirão sempre mais. Com os canais abertos, a vida se torna mais significativa. Se podemos ajudar alguém a evoluir, por que não fazê-lo?

9. Você tem alguma maneira que desconheço, melhor do que esta, para fazer contato comigo?

Uma entidade positiva dirá SIM, pois ela sabe que há outras maneiras de se estabelecer contatos com guias. Aproveite para pedir que isso lhe seja permitido.

10. Devo ficar apenas com você como guia?

A resposta de um ser iluminado será NÃO. As pessoas mudam e em cada fase um guia diferente é necessário. Só um ser negativo terá ciúmes ou poderá querer evitar que outros seres do mundo espiritual se aproximem de você.

Além dessas perguntas, há uma infinidade de outras que podem ser usadas para testar seu contato espiritual. Veja que nem sempre é necessário fazer muitas perguntas, nem se deve ficar muito tempo com esse tipo de cuidado. Depois de algumas, você já terá feito sua avaliação e é melhor aproveitar seu tempo ao lado do guia com outras atividades mais produtivas.

Para encerrar, algumas últimas considerações interessantes. Não basta interrogar o espírito, pois um ser sem luz costuma perceber as intenções ocultas pela pergunta e saberá contornar, dando respostas mentirosas. O bom senso é a melhor forma de julgar um contato espiritual.

Os espíritos positivos não têm o hábito de ordenar e impor sua vontade, nem costumam se contradizer. Quando não são ouvidos em suas orientações, afastam-se.

Os espíritos negativos parecem bastante impressionantes, surgem dando ordens e se mostrando superiores, causando intimidação. Suas instruções refletem pouca pureza e dão sempre a sensação de frivolidade e superficialidade.

XIV

Honrar os ancestrais

Este capítulo está destinado a apresentar algumas sugestões para que você possa trabalhar as energias que lhe vêm dos espíritos que são parte da sua família. Observe que nós dirigimos mais a observação e ativação para os contatos com espíritos ancestrais que não temos consciência de havermos conhecido. Os espíritos familiares desencarnados em uma, duas ou até três gerações antes da nossa, que chegamos a conhecer, serão analisados mais detalhadamente no capítulo que trata dos contatos com os desencarnados queridos.

Nós temos células que pertenceram a outros corpos e nosso corpo espiritual também guarda marcas, ainda que sem lembranças, de existências passadas. Numa família, as relações espirituais costumam ser mais fortes que os elos físicos.

O canalizador que fizer contato com seus ancestrais pode ter mais facilidade para entender sua vida presente, conseguindo maior compreensão de seu karma.

É interessante fazer, antes das atividades de canalização, uma pesquisa sobre as origens mais remotas das famílias de onde veio. Caso isso seja de todo impossível, uma regressão a vidas passadas com uma pessoa habilitada pode ser útil para esclarecer muitos pontos. Existe também a possibilidade de tentar, através da canalização, receber algumas informações a esse respeito.

Os espíritos não procedem uns dos outros, como os corpos físicos, mas muitas vezes um espírito é atraído por um grupo familiar com o qual já conviveu e com o qual tem ainda resgates a efetuar. Contudo, um espírito que já pertenceu a sua família pode reencarnar completamente desligado da atual ou numa situação onde existe contato, mas não tão próximo.

Um espírito muito pouco iluminado pode obter como pais espíritos com virtudes que lhes permitam educar esse filho, fazendo com que seu espírito possa evoluir na encarnação atual. Se os pais conseguirem, pela educação e amor que dedicarem a este ser, melhorar sua condição, terão eles também resgatado algumas das suas obrigações kármicas.

Uma raça costuma ser o agrupamento de espíritos que possuem as mesmas características espirituais e que por afinidade se reúnem. Quantas vezes vemos que povos como um todo passam por grandes provações e resgates grupais! A semelhança de caráter e tendências, aliada às tarefas espirituais comuns, é que origina um povo. Daí a importância de ter algum conhecimento da nossa origem racial.

Junto com essa informação, devem-se considerar as nossas tendências íntimas. Os espíritos, como não vêm de famílias físicas, podem ser originários de raças das quais não temos a menor idéia de pertencer. De repente alguém começa a sentir muita ligação com a Índia, por exemplo. Compra livros, fotografias, gosta da comida desse lugar e, se puder viajar, acaba até indo conhecer o país. Está aí uma clara indicação de que conhece muito mais do que pode, conscientemente, perceber sobre essa cultura.

Quem provém de países europeus deve pesquisar raízes celtas, nórdicas, gregas e romanas. Os oriundos de países asiáticos deveriam investigar origens japonesas e chinesas. Dos povos árabes e palestinos são mais fáceis de se conhecer os elos. Mas essas sugestões são apenas sobre de onde é proveniente o corpo físico. O corpo espiritual não é tão limitado.

Se você deseja fazer contatos que lhe permitam se aproximar de seus espíritos ancestrais, faça essa pesquisa sobre os povos aos quais sua família física já pertenceu. Recolha algum material, como objetos, fotos e textos. Se quiser usar objetos ou fotografias de um passado mais recente, pode fazê-lo. Faça o mesmo com relação a qualquer inclinação que sente por povos ou países que lhe são totalmente desconhecidos.

O exercício que vamos propor está destinado a canalizadores que já passaram pelas etapas básicas e sentem segurança nas atividades, ainda que não tenham tido grandes manifestações até o presente momento. Se você está iniciando, é melhor esperar um pouco antes de tentar estabelecer contato com os ancestrais.

Arrume o melhor que puder seu ambiente, cercando-se daquilo que selecionou, através da pesquisa sobre suas origens físicas e espirituais. Tenha também vela branca, água, incenso com aroma de madeira e um cristal por perto. Flores serão usadas para a parte final da atividade, por isso escolha algumas bem bonitas. Mesmo que seja difícil, procure, de preferência, ter flores colhidas por você. Após a colheita, agradeça ao vegetal por sua doação.

Inicie a atividade com respiração, seguida pela invocação do protetor do ambiente e do guardião. Escolha um dos elementos separados como foco de concentração para início da canalização.

Se de repente sentir alguma impressão forte negativa com relação ao objeto em foco, afaste esse objeto e troque por outro. Anote mentalmente essa rejeição, para nunca mais se alinhar com esse objeto. Ele deverá ser até mesmo retirado de sua casa. Muitos objetos antigos costumam reter vibrações negativas. Afastando-os, a energia da casa muda radicalmente. Existem também os objetos com irradiação positiva, que podem, ao contrário, trazer bons fluidos. Sempre é interessante estar atento a esse respeito.

Continuando, depois de estar com um bom nível de concentração, faça uma oração e abra seus canais para receber alguma mensagem ou contato com as entidades que porventura tenham sido sintonizadas. Nesse instante é importante ter papel e lápis por perto, para poder fazer anotações de tudo que lhe venha à mente, ou até mesmo para psicografar alguma mensagem.

Uma sugestão para a oração inicial:

JÁ TIVE OUTRAS VIDAS COM OUTROS CORPOS,
JÁ PARTICIPEI DE OUTROS GRUPOS FAMILIARES,
MAS MEUS ANCESTRAIS FÍSICOS DERAM ORIGEM
À PESSOA QUE HOJE SOU.
DESEJO NESTE MOMENTO REVERENCIÁ-LOS
PELA IMPORTÂNCIA QUE PARA MIM POSSUEM.
OBRIGADO PELA VIDA.

No início as comunicações de espíritos ancestrais são tênues e pouco duradouras, mas uma vez estabelecido o contato, elas tendem, até mais do que os outros tipos de contato espiritual, a se fortalecer. Canalizar ancestrais traz muitas vezes solução para problemas kármicos mal compreendidos. Outra alteração interessante é que esse tipo de contato pode resolver fobias incompreensíveis que vinham desafiando até tratamentos psicológicos.

A parte final da atividade é destinada a uma homenagem a todos os espíritos que podem ser considerados seus ancestrais. Faça nessa hora uma oferenda de flores e luz, acendendo mais uma vela. Termine com uma oração, onde deve pedir a Deus que suas almas estejam na luz e também pedir a eles proteção para sua evolução espiritual.

Se quiser, faça a oração:

SERES ANCESTRAIS, MEUS FORMADORES,
COM RESPEITO OS REVERENCIO.
PEÇO A DEUS QUE ESTEJAM NO SEIO DO SENHOR,
AMPARADOS E ILUMINADOS PARA SEMPRE.
TAMBÉM PEÇO HUMILDEMENTE SUA GUARDA E PROTEÇÃO DURANTE OS DIAS DE MINHA VIDA.
OBRIGADO.

Procure deixar arrumado o pequeno ambiente que preparou para a atividade, depois da canalização. Ele poderá permanecer montado por um ou dois dias mais. Após isso, agradeça a presença dos ancestrais e recolha tudo com respeito.

A experiência mostra que os contatos com espíritos ancestrais ajudam a resolver ou, pelo menos, dão uma luz sobre os problemas de karma. Por isso, também é possível, com essa modalidade de canalização, receber informações que facilitem o entendimento das dificuldades de relacionamento com filhos ou pais.

XV

Contato com os anjos

Já falamos bastante sobre os anjos e também já demos algumas sugestões sobre canalizações com objetivo de contactar as energias angelicais. Se você tem afinidade com esses seres de luz, vai querer aprofundar o contato com eles, por isso vamos fazer neste capítulo um acréscimo ao tema.

Os anjos são colaboradores de Deus e são ativadores da grande energia que Ele nos envia, podendo direcionar essa força mais efetivamente. Trabalhar com os anjos sempre traz resultados verdadeiros, pois sua influência é essencialmente benéfica.

Como espíritos puros, isto é, não poluídos, os anjos são entidades de luz, criadas por Deus, vivendo para transmitir a vontade divina. Os anjos estão livres das paixões, seu conhecimento do mundo humano é intuitivo, não prático. Muitas vezes os anjos têm a função de anunciar acontecimentos importantes para a humanidade.

Três grandes hierarquias agrupam os anjos genericamente. Cada uma dessas hierarquias possui três qualidades de seres angelicais. A esses agrupamentos dá-se o nome de coros. Vamos descrever cada um dos coros para que, fazendo um contato com determinado anjo, seja possível ao canal identificá-lo pela aparência ou finalidade que apresentar.

A PRIMEIRA HIERARQUIA agrupa os anjos que estão junto a Deus. Nesta hierarquia, o primeiro grupo é chamado de SERAFINS. O segundo de QUERUBINS e o terceiro de TRONOS. Os Serafins são representados com seis asas, rodeados de chamas e sua função é purificar e iluminar. Os Querubins são representados com penas de pavão, com aqueles "olhos" que as caracterizam. Sua função é ordenar o caos e oferecer ao homem o conhecimento. Os Tronos são representados como uma roda de fogo, sua função é zelar pelo trono de Deus e eles oferecem ao homem o sentido da união.

A SEGUNDA HIERARQUIA reúne os anjos que organizam o Universo. O primeiro grupo é chamado de DOMINAÇÕES, o segundo de POTÊNCIAS e o terceiro, VIRTUDES. As Dominações têm cetro e espada como símbolo, para representar o poder divino que está sobre tudo; esses anjos despertam no homem a força para vencer o inimigo interior. As Potências aparecem portando espadas flamejantes, pois sua função é proteger a humanidade dos inimigos exteriores; são responsáveis pela ordem e pelos quatro elementos. As Virtudes traduzem a vontade de Deus, sendo responsáveis pelo reino mineral, além de dar ao homem discernimento entre o bem e o mal.

A TERCEIRA HIERARQUIA angelical é a que fica mais próxima dos homens, sendo composta pelos PRINCIPADOS, ARCANJOS e ANJOS. Os Principados são representados portando cetros e cruzes, sua responsabilidade é vigiar os líderes humanos e zelar pelo reino vegetal. Os Arcanjos são líderes entre os anjos, encarregados de zelar pelo reino animal. São também chamados de espíritos do planeta e seu líder é Miguel. E os Anjos da Guarda propriamente ditos são seres de luz, sempre muito próximos ao homem, sem atribuições nem postos especiais.

Todos os tipos de anjos estão prontos a auxiliar qualquer homem que deles necessite, mas é claro que é muito mais fácil estabelecer sintonia com um anjo quando se tem uma vida com atitudes próximas às qualidades angelicais. Se você deseja estabelecer ligação com um anjo através da canalização, terá mais sucesso se estiver objetivando desenvolver qualidades tais como as relacionadas abaixo:

PACIÊNCIA
LIBERDADE
POSITIVIDADE
FORÇA
COMPAIXÃO
FRATERNIDADE
FÉ
ALEGRIA
CONFIANÇA
SAÚDE
AMOR
INSPIRAÇÃO
CORAGEM
CRIATIVIDADE
PODER
EDUCAÇÃO
PAZ
UNIÃO
HONESTIDADE
SERENIDADE
ENTUSIASMO
RENASCIMENTO
PERFEIÇÃO
SABEDORIA
TERNURA
CURA
BELEZA
VERDADE
SIMPATIA
PERDÃO
DESAPEGO

TRANQÜILIDADE
GENTILEZA

A vida, para os anjos, é um estado onde é permanente a alegria, a beleza, a felicidade, o riso e a harmonia. Para contactar um anjo é necessário deixar os problemas de lado por alguns instantes, vivendo mais levemente.

Quando for fazer canalização buscando contato com os anjos, lembre-se de usar incenso com odor de rosas ou jasmim, podendo substituir o incenso por essas mesmas flores em estado natural. Música e velas também atraem os anjos, assim como pequenas imagens de anjos, de porcelana ou cristal.

Para a canalização que vamos sugerir, você terá primeiro que escolher ou descobrir um lugar sagrado.

A primeira opção é um templo, mas em geral esses lugares são bastante freqüentados e poderá parecer aos outros que você tem atitudes estranhas ou desrespeitosas. Já canalizei numa capela da faculdade onde meu filho estuda, num horário onde ela sempre está deserta. Apenas me sentei e, sem nenhum tipo de ritual, fechei os olhos e fiquei concentrada na minha atividade. Se alguém ali entrasse, pensaria que eu estava orando.

A segunda opção é buscar na natureza um local sagrado, o que demanda algum tempo e pesquisa. Algumas pessoas acham esses lugares na praia, na floresta, na montanha; outras buscam nos parques ou praças da cidade. O que é um lugar sagrado, um templo da natureza? É um espaço onde há uma árvore velha e imponente, talvez uma pedra especial pela sua cor ou tamanho. Um canto de um lago ou uma curva de rio podem ser locais sagrados. Com um pouco de sensibilidade pode-se localizar esses lugares. Uma condição essencial para a escolha é que esse lugar seja tranqüilo e esteja em algum momento quase ou totalmente deserto, para que você possa desenvolver sua atividade. Um conselho: se surgir alguém durante sua atividade, não se desconcentre nem se preocupe com as reações. As pessoas podem ficar curiosas, mas respeitam bastante, por mais estranho que lhes pareça a situação.

Uma terceira opção, como última solução para quem não quer ou não pode sair, é montar um espaço sagrado. Este espaço é determinado em qualquer lugar: sala, quintal ou jardim. Você terá que assinalar no chão os limites que separam o espaço sagrado do profano, através de um traçado. Faça assim: posicione-se no local e trace um círculo ao seu redor com giz, se for no piso, ou com um galho, se for na terra. Esse círculo deve ter mais ou menos sua altura de diâmetro. Se quiser pode formar o círculo com pedras colocadas no chão. Em seguida consagre este espaço temporariamente a Deus, com algumas palavras, como estas:

CONSAGRO, SENHOR, ESTE ESPAÇO A VÓS.
AQUI ME COLOCO SOB VOSSA GUARDA E PROTEÇÃO
E, AMPARADO POR VOSSA LUZ,
PARA MINHA EVOLUÇÃO TRABALHAREI.
OBRIGADO.

Depois que o local da atividade estiver determinado, decida com que espécie de anjo vai estabelecer o contato, dentre as diversas hierarquias angelicais. Se quiser trabalhar com anjos durante uma fase da vida, pode começar pelo anjo da guarda e ir passando por todas as classes durante esse período.

Sente-se com o material que vai usar à mão. Invoque por proteção, acenda o incenso floral e escolha como foco visual para concentração algum objeto que levou ou algum ponto do ambiente que escolheu. Quando estiver num estado de concentração mental satisfatório, pode meditar sobre uma das qualidades angelicais que está na lista acima. Trabalhe bem intensamente sobre essa qualidade, vendo como pode cada vez mais fazer dela uma parte integrante da sua existência diária.

Em seguida, passe à canalização. Feche os olhos e comece por deixar que sua mente forme a imagem da entidade escolhida. Procure fazer essa construção mental da imagem muito viva, com detalhes que a própria descrição do anjo, já fornecida, lhe criará na imaginação. Imagine também uma luminosidade que emana da figura para o seu coração. Aos poucos essa forma poderá se alterar e virar pura luz. Deixe-se ficar inundado por essa energia, sentindo os benefícios que ela lhe traz.

A partir desse momento, a atividade vai seguir os rumos que a entidade conectada desejar, sendo, então, uma experiência única para cada pessoa. Mesmo que não ocorra mais nada, as forças angelicais estarão vivas e atuantes dentro de você.

XVI

Os espíritos da natureza

As histórias infantis falam de reinos misteriosos e terras fascinantes, lugares habitados por seres com aparência e capacidades incomuns. Quando crianças podíamos facilmente sintonizar e acreditar nesses seres, mas como adultos temos mais dificuldade para isso. Talvez seja necessário voltar a observar a natureza com olhos de criança para poder rir e ter as alegrias que os mitos nos traziam, pois, afinal, os espíritos da natureza são as crianças, os filhos da mãe Terra.

A vida é existente em todos os níveis. Ao dar início ao contato espiritual com seres que habitam outros planos, é certo que seremos atraídos ou chamados pelos espíritos da natureza. Esses espíritos gostam da presença humana e sempre se aproximam das pessoas de sensibilidade. Eles sabem que o homem tem um poder enorme de alterar a natureza, tendo por isso também a obrigação de preservá-la.

A literatura é uma fonte natural dos conhecimentos sobre os espíritos da natureza. Cada povo possui os seus próprios seres, parte de seu folclore. Podemos pesquisar na nossa cultura brasileira entidades oriundas do folclore indígena, como o Boitatá, o Curupira e a Iara. Mas como somos produto de outras culturas, também temos que considerar os sacis, os orixás, as fadas e as bruxas. O contato e a crença humana é que mantêm um espírito da natureza vivo e atuante. Eles nos afetam e nós recebemos de volta toda a atenção que devotamos a eles.

Olhos comuns não são capazes de perceber essas entidades, mas aqueles que as podem enxergar sabem que é mais fácil encontrá-las em lugares isolados e tranqüilos. Nas cavernas, ao longo dos rios, sob a água, entre as árvores da mata, são exemplos dos locais prediletos dos espíritos da natureza. Ao expandir sua percepção, será mais fácil perceber esses seres tão especiais.

Alguns lugares costumam atrair grupos de seres, pois nesses locais existe uma força grande atuando. É o caso das cachoeiras, florestas nativas, praias distantes da civilização, um ponto alto de difícil acesso nas montanhas. Isso não quer dizer que, de repente, você não tenha em seu próprio quintal uma reunião de vários espíritos, embora seu espaço seja reduzido. Há vários meses meu jardim está sendo habitado por um grupo bastante numeroso de duendes. Sei disso porque surgiu uma enorme quantidade de grandes cogumelos, que cada vez nascem em pontos diferentes: às vezes estão grudados nos eucaliptos, às vezes estão sobre o gramado e até já apareceram no canil do cachorro.

Os seres da floresta costumam fazer alguns barulhos e podem assustar, mas isso é apenas um recurso de defesa contra o que pode ser um depredador. Ao perceber uma intenção sincera, em geral a floresta acolhe muito bem a pessoa, mostrando aos pouco sua energia oculta. As árvores grandes contêm, sem dúvida, enorme poder e abrigam sempre uma entidade protetora, que pode ser invocada a nosso favor. É interessante sintonizar com o espírito que habita uma árvore, pois cada uma possui o seu. Melhor ainda é ter sua árvore, plantada, regada e cuidada pessoalmente. Ela pode ser a melhor confidente, energizadora e protetora de um ser humano.

Tenho tido muitos problemas com minhas árvores, pois os vizinhos costumam reclamar demais das folhas que o vento leva para os quintais ao lado do meu. Sou muito pressionada a cortá-las e já me consideram um pouco fora do juízo, pois usei como argumento o fato de que cada uma delas abriga um espírito. Mas o que fazer? Eles não podem entender, mas do meu ponto de vista, como posso agredir alguém tão vivo como eu ou você? Para mim uma árvore é intocável. É preciso um motivo bastante forte para que se use a madeira de uma árvore; sempre que for possível usar um material alternativo, deve-se deixar a madeira de lado.

As flores também têm suas entidades, umas fadinhas que costumam provocar a ilusão ótica de luminosidade ao redor das pétalas. A melhor hora para observar esse fenômeno é ao crepúsculo. As crianças costumam colocar nos seus desenhos esses seres.

Os espíritos das rochas e das pedras são também muito comuns. A popularidade que os cristais adquiriram nos últimos anos vem do seu efeito sobre o corpo humano, que bem demonstra a energia emitida e absorvida pelos espíritos que trabalham junto a eles. A antigüidade, que é uma das características dos espíritos das rochas, dá-lhes enorme força, usada pelos conhecedores para profecia, magia e cura.

Toda alteração que se vai fazer num ambiente natural acaba resultando em problemas se não são respeitadas as entidades atingidas. Árvores devem ser preservadas, mas caso isso não seja possível, gaste um pouco do seu tempo para avisar ao espírito dessa árvore que abatê-la é inevitável. Prometa que vai plantar mais árvores para que a mãe Terra não fique despojada de seu filho amado. Até às folhas deve-se falar respeitosamente na hora de colhê-las, agradecendo ao espírito da planta pela beleza que ela oferece e pedindo licença para o que vai fazer. Repita esse procedimento para a hora de recolher pedras ou conchas na praia e também quando for colher ervas medicinais.

Uma vez, numa conferência, surpreendi-me com um conferencista, um cientista renomado, ao vê-lo no meio da sua exposição, pedir desculpas a uma luminária que ele havia derrubado sem querer. Ele ergueu-a e naturalmente, como se falasse com uma pessoa, desculpou-se. Fez isso tão naturalmente que nem percebeu o inusitado da sua atitude, que provocou alguns risos. Depois, ao perceber a reação da assistência, explicou-se, dizendo que uma vez que sem a luminária seu trabalho seria bastante difícil, considerava-a uma entidade viva. Se um ser inanimado chega a ser considerado, o que dizer, então, dos elementos que compõem a natureza?

Aos espíritos da natureza demanda muita energia fazer as coisas crescerem; por isso, mesmo na poda, devemos ser respeitosos. Considero um desperdício o que algumas pessoas fazem com seus jardins. Já vi por vezes um vizinho ou outro mandar arrancar todas as plantas de um jardim para remodelá-lo. Vai ser difícil que as novas plantas adquiram de imediato sintonia com a casa e possam protegê-la.

Se você tem árvores na sua casa, descubra qual delas é a mais antiga e qual é a mais nova. Quando precisar arrumar alguma coisa dentro da sua vida, peça à árvore mais velha uma ajuda, um conselho. Se quiser ver algo ser renovado ou trazer uma situação nova à sua vida, peça à árvore mais nova.

Para quem ainda não tem uma árvore ou nunca teve a oportunidade de plantar uma, aconselho a plantar em primeiro lugar uma árvore de uma espécie ameaçada de extinção ou que esteja sendo severamente atingida pelo corte na região onde você habita.

A presença ou o toque de um espírito da natureza é sempre suave e sutil. Já os elementais são um pouco mais evidentes e característicos.

Os elementais podem se movimentar livremente, procurando lugares e ambientes onde se sintam bem. Eles gostam de estar próximos dos homens e do seu elemento. Os gnomos, elementais da terra, apreciam os jardins. As ondinas preferem os lagos, rios e praias. Os silfos, elementais do ar, têm a mobilidade por característica e estão por toda a parte. As salamandras, elementais do fogo, habitam desertos, vulcões, fogueiras.

Para canalizar um elemental ou um espírito da natureza, siga sua inspiração, realizando a atividade como julgar mais efetiva. Mas se você, por insegurança ou falta de idéia original, não quer fazer algo só seu, faça assim:

1. Encontre na natureza um lugar especial. De preferência procure um local que se aproxime do seu elemento mais forte: fogo,

terra, ar ou água. Lembre-se que pedreiras fazem parte do elemento terra e que o Sol pode ser um recurso para ter sintonia com o elemento fogo.

2. Tenha certeza de que está isolado e de que não será perturbado. Relaxe, invoque proteção e espere.

3. Abra os canais para fazer contato com os espíritos locais, atento a tudo que estiver ocorrendo ao seu redor. Os seres da natureza se manifestam de forma muito variada. É preciso ser bastante sensível para perceber todas as suas manifestações.

4. Antes de encerrar a atividade, diga várias vezes seu primeiro nome, fazendo-o soar como uma canção ou como o vento que sopra.

5. Em seguida, emita a primeira vogal do seu nome como se fosse um mantra: várias vezes, em tom moderado e bem lentamente, fazendo o som durar o tempo da sua expiração.

6. Encerre sempre seus exercícios com um agradecimento à mãe Terra, pelos benefícios e amparo que ela lhe dá.

Os magos aprendem a invocar os quatro elementos da natureza a seu favor, usando os elementais para criar e materializar efeitos. Até mesmo os que não querem saber da magia acabam envolvidos por ela quando se ligam aos espíritos da natureza.

XVII

Mudar de guia

Uma questão que parece trazer dúvidas ao canalizador experiente refere-se à mudança de guias. Este fato é comum e tem vários aspectos a serem analisados. Consideremos primeiro se a mudança do guia é um acontecimento voluntário ou involuntário.

Na mudança involuntária, o canal vinha recebendo um determinado guia e depois de um tempo aquele guia não volta a fazer contato, sendo substituído por outra entidade. Se for esse o seu caso, o motivo pode ser que a evolução do canal criou a necessidade de um instrutor ou colaborador de um nível mais avançado. O contrário também pode ser verdadeiro: a pessoa não estava conseguindo, por seu nível evolutivo, aproveitar tudo que aquele guia tinha para oferecer. Em ambos os casos, o que aconteceu foi um ajuste da necessidade do canal ao guia indicado para o momento. Se você sente saudades do guia antigo, peça que lhe seja permitido reencontrá-lo para poder desfazer alguma dúvida ou fazer algumas perguntas. Não considere o fato de haver mudança de guia algo negativo. Certamente esse ajuste só lhe será benéfico.

Na mudança voluntária o processo costuma ser mais complicado. Para ter mais de um guia ao mesmo tempo, o canal deve já ter demonstrado sua dedicação e interesse pela evolução espiritual e demonstrar claramente suas necessidades numa outra área ou especialidade não abordada pelo guia atual. Tem que provar que é capaz de trabalhar vários aspectos da sua espiritualidade simultaneamente e que existe uma necessidade real de mais um guia para isso poder acontecer.

As pessoas que fazem seus primeiros contatos com guias costumam narrar a sensação de que aquele guia não é definitivo. Elas sentem que recebem um guia transitório, capaz de auxiliar na técnica da canalização durante o período em que se exercitam. Ao dominar o processo, o guia inicial habitualmente muda.

Se você, durante suas atividades, sentir que deseja aprimorar um dom que antes não percebia ou que não tinha interesse em desenvolver, certamente esse fato vai gerar automaticamente a necessidade de outro guia. Para isso, o mundo espiritual está preparado e é capaz de atender a quem é sincero em suas intenções.

O modo mais semples de promover uma mudança de guia ou receber mais um guia é conversar sinceramente com seu guia atual. Um ser de luz não abriga em si sentimentos que a maioria dos humanos sentiria nas mesmas condições. Ele não se sentiria rejeitado, humilhado ou ciumento por você apresentar suas necessidades. Ele será capaz de compreender e acolher seus pedidos se sentir a real motivação que existe por detrás deles.

Procure deixar bem claro o que está necessitando, qual o desenvolvimento a ser buscado, que tipo de guia espera receber, quais suas finalidades e como pretende trabalhar com esse guia. Pode estabelecer também um dia e hora em que estará canalizando para receber esse guia.

Se sua motivação for válida e verdadeira, logo receberá mais um guia ou, se for o caso, terá pelo menos instruções de como proceder, para se preparar melhor, até que mais um guia possa lhe atender.

O mais importante é confiar no mundo espiritual, mostrando sempre que é merecedor das atenções dos seres de luz. O resto acontece naturalmente, sem grandes esforços.

A paciência é uma virtude do canalizador que espera evoluir através da sua atividade. Persista com paciência até conseguir algum resultado evidente para si e para aqueles que convivem com você. Não atropele sua evolução com muitos projetos ou desejos pessoais. É mais seguro deixar que o mundo espiritual se encarregue do seu processo.

A doutrina taoísta fala que um dos caminhos para o progresso do espírito é "não fazer", a "não-ação", em chinês WU-WEI. Esta idéia é que se alcança tudo o que é necessário através de uma existência harmônica, onde sem forçar, sem buscar, sem planejar, sem desejar, deixa-se uma força superior se encarregar de nos prover. Talvez na evolução do espírito essa confiança sem ação seja mais sábia e produtiva do que excesso de direção. Experimente abrir-se mais à sabedoria dos guias, dispondo-se a ficar esperando pelo que lhe for designado.

XVIII

O que é a obsessão ou o assédio espiritual

Este tema é dos mais sérios e importantes. Não porque a pessoa que está aprendendo a canalizar corra o risco de ser assediada ou obsediada, mas por causa da necessidade de reconhecer as pessoas que estão nesse estado. Como sempre afirmamos, seguindo corretamente as instruções, você estará defendido.

Planejamos um próximo livro sobre este tema, tal é a sua extensão. Existe, porém, a necessidade de deixar aqui algumas informações básicas. Conhecendo mais sobre os assédios espirituais, o médium bem treinado usa suas capacidades para acalmar o assediado, pois tem recursos para avaliar um espírito sofredor.

Quando alguém é possuído ou perturbado por espíritos de pouca luz, tem na sua vida reflexos bastante intensos, variando os sintomas apresentados de acordo com o tipo do espírito que atua.

Geralmente o obsediado se queixa de uma diminuição do seu nível energético. Outra característica é uma notável mudança de personalidade. Se é uma pessoa que faz uso de bebidas alcoólicas ou drogas, o assédio é quase certo estar ocorrendo, pois com o tempo os viciados acabam vítimas de assédios espirituais em maior ou menor grau. Outros sinais podem ser: agir por impulso, perda de memória, falta de concentração, depressão sem justificativa e persistente.

É interessante observar que a pessoa que está obsediada apresenta grande irritação ou aversão aos temas espirituais em geral e, em particular, foge sempre das conversas sobre obsessão. Tal comportamento lhe é causado pelo espírito assediador, que não deseja ver a mente do ser que domina esclarecida, para que a pessoa sobre quem ele tem poder não tenha, assim, condições de se libertar.

Já que a pessoa assediada não se mostra disposta a cooperar, é mais efetivo um trabalho de doutrinamento espiritual que atue sobre o assediador, bastando apenas que o assediado se disponha a ir a algum lugar onde esse tipo de trabalho é feito. As casas espíritas, da Federação Espírita do Brasil, geralmente possuem um grupo de médiuns habilitado para a tarefa de desobsessão. Caso não tenham, poderão indicar outra casa onde esse atendimento é feito.

Este trabalho é delicado e não deve ser tentado pelo canalizador, pois sendo muito perigoso lidar com espíritos sem luz, é necessário que um grupo faça isso. Em grupo, os componentes se apóiam e podem ir aos poucos obtendo resultados na doutrinação desse espírito sofredor.

Uma coisa é afastar os espíritos que tentam assediar o médium bem preparado, outra é afastar um espírito que está assediando outra pessoa. Tenho certeza que meus leitores estão preparados para evitar os assédios, mas de forma alguma poderão dar conta de uma desobsessão. Por isso, insisto: não tentem, ainda que se sintam apiedados e desejosos de ajudar. Contudo, colaborar num instante de crise é mais fácil e isso pode ser feito sem problemas.

Se alguém lhe surgir de repente com um problema que pareça assédio, você pode tomar algumas providências paliativas, que servirão para a emergência que está ocorrendo.

Faça com que a pessoa se deite. Ao lado, coloque uma vela acesa e um copo com água. Se ela usa cintos ou roupas apertadas, mande que solte, para que os chakras sejam desbloqueados.

Faça uma oração e invoque ajuda para si e para o obsediado. Se conseguir, canalize seu guia. Peça ao anjo da guarda da pessoa que fique dando amparo.

A seguir, faça um bom relaxamento. Use para isso música e fale suavemente, pedindo que essa pessoa imagine uma luz branca a seu redor. Depois fale com o espírito obsessor com delicadeza, fazendo-o ver que o assédio está atrasando sua própria evolução espiritual. Abençoe e faça o sinal-da-cruz sobre o assediado.

Esse procedimento irá dar resultado imediato, acalmando o obsediado, mas não cura nem é capaz de afastar para sempre o obsessor. Quando terminar, peça que a pessoa tome um banho com sal grosso e leia duas vezes ao dia o Salmo 23. Aconselhe ao assediado não ter raiva nem impaciência com o assediador, procurando nem pensar nele.

Se você tem dificuldade para fazer as orações e dirigir o relaxamento, deixo aqui uma forma que poderá ser lida, durante a atividade.

1. Inicie com o Pai-Nosso.

2. A seguir, faça a invocação:

   Senhor, peço que me ajude.
   ....(diga o nome do assediado), aqui presente, sofre.
   Suplico a assistência de um guia capaz de aliviar sua dor.
   Sem esse auxílio pouco posso fazer por este seu filho.
   Venha, anjo de luz, espírito enviado pelo Senhor,
   Traga consigo a proteção divina.
   Obrigado.

3. Ao anjo da guarda do assediado:

   Anjo guardião de ....(diga o nome do assediado)
   Sua alma precisa de amparo e socorro.
   Não lhe falte nesta hora difícil.
   Estenda, anjo protetor, sua defesa carinhosa,
   Não permita que lhe causem dano.

4. Durante o relaxamento:

As frases para o relaxamento, que estão abaixo, são ditas uma de cada vez, com uma pausa entre elas. Assim a pessoa tem tempo de ir fazendo o que sugere. O tom de voz deve ser uniforme, a voz deve estar baixa.

"Agora você vai relaxar. Feche os olhos. Respire calma e suavemente, vá aos poucos deixando sua respiração lenta e ritmada. Mantenha sempre a boca fechada enquanto respira. Comece a soltar suas tensões, relaxando os pés. Movimente os dedos dos pés, deixe todos os músculos soltos. Agora relaxe as pernas. Solte os joelhos. As coxas. Balance levemente as pernas para um lado e para o outro. Solte os quadris. Sinta os órgãos internos bem soltos no seu ventre. Imagine que eles funcionam bem e estão cada um cumprindo sua função. Pense no seu coração e mentalize que sua energia está ritmada e forte, mas que ele trabalha em paz. Agora dê atenção às suas mãos. Abra as mãos lentamente, separe os dedos e deixe que eles fiquem jogados. Relaxe os braços, antebraços, cotovelos. Pense nos seus ombros e no peso enorme, desnecessário que coloca sobre eles diariamente. Alivie este peso. Solte o pescoço, girando a cabeça um pouquinho. Por último, solte sua cabeça. A boca fica agora um poquinho entreaberta. Solte o queixo. Solte os olhos. Solte a testa. Relaxe também o couro cabeludo. Repouse. (Aqui faça um intervalo maior.)

Agora, bem descansado, você vai mentalizar uma luz branca no alto da sua cabeça. Imagine que esta luz vem vindo aos poucos, de longe, e pára ao chegar perto de você. Ela vem por trás, por isso não atinge seus olhos. Dali, ela se espalha sobre seu corpo. Seus raios vão criar uma defesa para sua aura, agindo também para restaurá-la. (Faça aqui um minuto de pausa.) Agora, refeito e restaurado, pode mentalizar que a luz se afasta. Agradeça com seu coração a ajuda que recebeu.

5. Falando com o espírito obsessor:

Eu sei que.......(diga o nome do assediado) não está sozinho. Há com ele um espírito que pode estar agora me ouvindo. É para ele que me dirijo. Certamente você não tem noção do mal que está causando a si mesmo com esse assédio. Existem no mundo espiritual seres de luz que agora mesmo estão ao seu lado, ainda que não os possa distinguir. Basta chamá-los e será socorrido, amparado e orientado. Enquanto você fica perturbando.......(diga o nome do assediado), só atrasa sua própria evolução, pois está perdendo um tempo precioso. Escute as lindas palavras que vou ler da Bíblia especialmente para você (selecione um trecho dos Evangelhos e leia em voz alta). Espero que essas palavras lhe tenham servido de alguma forma. Com todo o amor em meu coração, cheio de compreensão pela sua própria dor, eu o abençôo. Vá em paz. (Faça o sinal-da-cruz sobre o obsidiado.)

XIX

Os desencarnados queridos

Este é um capítulo especial e delicado. Quem não perdeu um ser amado e não deseja voltar a fazer contato, ainda que por poucos momentos, com esse ente? A canalização pode ajudar aos que sofrem as saudades da ausência.

Não há nenhum intuito sensacionalista nem pretendo dar falsas esperanças a quem já sofreu tanto. Mas há uma possibilidade real para o canal de fazer contato com desencarnados queridos. Esse contato pode ser feito com seres que ele próprio perdeu, mas poderá também receber espíritos que desejem fazer contato com seus parentes por intermédio do canalizador.

É evidente que antes de ser dotado por Deus desse dom, o médium será testado pelo mundo espiritual e terá que se mostrar merecedor. A dedicação e tempo que tem dedicado à canalização são fatores definitivos. Não basta querer, é preciso mostrar competência. Isso não se consegue fazer de uma hora para outra.

Os espíritos, como já vimos, podem se comunicar com um médium de forma espontânea, mas também podem ser chamados. Na comunicação com os desencarnados queridos, a segunda forma está mais indicada. Deve-se ter cuidado ao abrir o canal. Aconselhamos que isso deve ser feito para um desencarnado em especial, determinado através do nome que ele possuía quando entre nós. Abrir o canal aleatoriamente pode trazer uma variedade de espíritos sobre os quais nada se sabe e com os quais não se tem nenhuma afinidade. Afinal, ninguém abre a porta da sua casa a estranhos, não é? Mais tarde, bastante experiente, o médium poderá eventualmente lidar com desencarnados desconhecidos, necessitados de socorro, para um contato que os auxilie.

Aja nas primeiras fases da canalização, com o objetivo de contactar um desencarnado querido, como em todos os exercícios de canalização. Na hora de invocar o espírito, diga seu nome claramente, explicando o motivo pelo qual é necessário o contato. Espere por algum sinal indicador da presença do ente invocado e, caso isso não aconteça, faça uma pergunta direta: Você está aqui? Ele pode estar presente e não ser percebido.

Alguns espíritos levam alguns minutos para chegar, podendo vir horas e até dias depois. Outros mandam um mensageiro, estabelecendo o momento em que poderão ser contactados.

Ao pedir a presença de um espírito querido, fale com ele da mesma forma como falaria com uma pessoa estimada. Seja atencioso, delicado e paciente. Depois de feito o contato, tente verificar a autenticidade do espírito, com perguntas e conversas sobre os assuntos que ele deveria conhecer. Estando certo de que é um contato verdadeiro, não perca tempo e aproveite para reatar os laços.

Se você é procurado por pessoas que perderam algum ente querido para estabelecer um contato através do seu canal com esse espírito, tome alguns cuidados. Essa tarefa pode ser bastante ingrata como crescimento. Pessoalmente prefiro ensinar à pessoa a canalização e deixar que ela vá adquirindo a capacidade de estabelecer os contatos por si.

Assim faço porque a sinceridade do desejo de manter encontro com seres que se foram nem sempre é verdadeira. As armadilhas são muitas. É fácil tornar-se um agente de meras consultas ao mundo espiritual, sem estar recebendo um crescimento interior.

Outro problema é que os espíritos amados podem não se sentir desejosos de fazer contato através de um médium estranho, afastando-se do contato tão desejado pelo parente. Melhor seria se a própria pessoa se dedicasse a aprender as técnicas e com o tempo pudesse fazer por si esse contato.

Caso a pessoa insista que o contato com o espírito precisa ser feito através de um médium, indique para ela alguma casa espírita de conceito firmado, que faça parte da Associação Espírita. É melhor evitar fazer esse tipo de trabalho sem estar apoiado em um grupo, pelos problemas que podem surgir.

Sabemos que mães saudosas, filhos ansiosos por ensinamentos, esposos distantes e todos os que perderam entes queridos não querem nada de errado ao desejar manter contato com os seres que tanto amaram. Sabemos que o contato tão desejado será um abençoado consolo para os sofrimentos que vivem. Mas, por outro lado, poucos são os médiuns realmente capacitados a fazer esse trabalho da forma correta. Pense bem antes de intermediar contatos para outros. Até o próprio Chico Xavier muitas vezes diz a quem o procura que é cedo para isso. Tudo tem sua hora certa, e esperar por ela é uma virtude espiritual de grande valor.

No trabalho mediúnico em grupo a variedade de espíritos contactados pode ser maior, pois há o amparo do grupo caso algum problema surja. Um grupo pode até, quando necessário, chamar um espírito sem luz com o intuito de doutriná-lo, o que deve ser evitado pelo canal que atua solitário.

Não pense que poderá usar apenas sua vontade firme para manter um espírito negativo subjugado. A vontade, neste caso, é apenas o que é a força bruta: uma arma limitada. Contra espíritos negativos usa-se a força moral. A limpeza do corpo e do espírito vence a negatividade mais facilmente que a determinação apenas.

Quando for canalizar um espírito querido, abra seu coração e mostre-se disposto a compreender tudo. Deixe claro que compreenderá circunstâncias de impedimento que podem atrasar o contato e que saberá aguardar, orando pela alma do desencarnado e pelo seu progresso espiritual. Faça isso porque existem obstáculos que podem impedir a livre comunicação entre vocês.

Esses obstáculos são de várias ordens. Às vezes ele está, no mundo espiritual, encarregado de alguma missão, não podendo vir atender. Mais tarde, este contato será possível. O estado evolutivo do espírito também pode ser um impedimento, pois suas faculdades de percepção podem estar bloqueadas e ele não consegue perceber o que vem do mundo material.

Outros impedimentos estão na capacidade do médium para estabelecer um bom nível de comunicação espiritual, no estado evoluído espiritual do próprio canal, na natureza dos seus objetivos com relação ao contato, nas ligações kármicas que geraram aversão ou simpatia posterior ao desencarne. Todos esses fatores devem ser analisados quando não se consegue sucesso na canalização.

Depois de tantas considerações, deixamos a sugestão de um roteiro simplificado para os contatos com os entes queridos. Fica ao médium a liberdade para modificar e introduzir elementos. É uma mera sugestão, que não apresenta nenhuma obrigatoriedade. Aqui está apenas para facilitar o trabalho de quem não gosta de arriscar, fazendo algo errado. Este tipo de canalização só deve ser feito um ano depois do falecimento, quando o espírito já está adaptado.

1. Escolha um lugar tranqüilo, onde haja silêncio. Veja que tudo esteja à mão, para não interromper sua atividade indo buscar algo que esqueceu. Velas, água, flores e alguns objetos da pessoa podem ser usados. Providencie para que tenha o tempo necessário. Convém ter papel e lápis para fazer anotações.

2. Inicie com uma oração geral, como o Pai-Nosso. A seguir invoque um protetor e um guardião para os trabalhos. Faça a invocação do espírito que deseja contactar, dizendo claramente seu nome. A invocação pode ser simples como esta:

DA LUZ DIVINA, DE ONDE VÊM A PAZ E A HARMONIA, PEÇO QUE SE ABRAM AS PORTAS DO MUNDO DOS ESPÍRITOS.
INVOCO A PRESENÇA QUERIDA DE ....
(diga o nome do desencarnado com o qual deseja estabelecer contato).
MEUS OBJETIVOS SÃO VÁLIDOS E DIGNOS, POR ISSO ESPERO CONFIANTE.

3. Use a vela como foco de partida para a canalização. Abra os canais e deixe que o contato seja realizado. Anote tudo que acontecer. Caso receba alguma mensagem ou aviso de contato posterior, anote, para não esquecer. Não falhe em estar à disposição se assim lhe for indicado.

4. As emoções costumam ser a tônica desse tipo de contato, o que gera algum desgaste. Restaure-se assim que possível, retornando à vida material. Depois dessa canalização é bom ouvir música calma, ver bonitas paisagens ou admirar quadros.

5. Durante os dias seguintes ao contato, faça orações pela alma do desencarnado, trazendo sua imagem à lembrança. Imagine-o feliz, tranqüilo e amparado por seres de luz. Mentalize para ele uma rápida evolução, com resgates fáceis. Isso vai dar força ao ente querido durante os próximos dias.

A teoria espírita afirma que, mesmo que não possamos ver um espírito invocado, por nossa incapacidade pessoal ou por ele não poder se manifestar materialmente, ele fica ao nosso redor e nos escuta. Converse com seus desencarnados queridos, mantenha com eles uma ligação de amor e respeito. Assim estará abrindo seus canais, mesmo antes de poder canalizar diretamente sua energia.

XX

Algumas questões muito importantes

Neste capítulo vamos colocar algumas últimas considerações que completam a nossa exposição sobre canalização. São questões de ordem prática e teórica, que acrescentarão mais conhecimento a quem quer trilhar este caminho.

1. É sua alma que fala ou é um guia?

Uma simples pergunta, mas importante para os que desejam compreender melhor os processos que regulam os contatos espirituais. Essas dúvidas, muito comuns nos que iniciam ou se preparam para iniciar o trabalho de canalização, devem ser esclarecidas. Mais tarde a pessoa terá respostas melhores que as minhas, quando puder colocar suas questões diretamente aos espíritos. Mas como essa pergunta sempre acaba chegando e ela vem dos que dão os primeiros passos, fazendo seus primeiros contatos, acho que merece atenção especial.

De início as manifestações do mundo espiritual são sutis, pouco diretas, causando ao médium uma certa dúvida. Ele pode pensar que imagina ver ou escutar coisas. Logo que se afina, terá certeza sobre o que é ou não real. A partir daí suas ligações se fortalecem e os contatos mentais se aceleram. Quando o espírito usa a comunicação inteligente, onde a mente recebe as mensagens, começa a surgir uma certa dúvida, sobre se o que se recebe não está sendo ditado pela alma ou pelo Eu Superior.

A maravilha de ser guiado através da sabedoria para um crescimento acelerado pode ser ofuscada por dúvidas deste tipo. Na verdade, o canal pensa que pode não estar recebendo nenhum contato e sim expandindo sua alma, fazendo com que ela fale mais claramente. Aqui consideramos como alma a sua parte que existe e vive depois que seu corpo termina.

É verdade que sua alma evolui e isto é um processo constante, que pode ser extremamente rápido. Com a evolução, os pensamentos e mensagens que ela nos envia passam a ser de outra ordem, e aí até parece que nem nos conhecemos mais.

A confusão vem porque toda canalização é passada através da sua alma antes de ser racionalizada. É a partir da alma que as mensagens são transmitidas à sua mente pelos espíritos. Mesmo sem estar consciente da canalização, a percepção é muito dependente da sensibilidade da sua alma.

Se é necessário uma prova para que você teste de onde estão vindo as mensagens, aí pode ficar difícil. Como cada pessoa tem uma maneira peculiar de falar e de receber, essa dúvida deve ser trabalhada aos pouco, aprendendo a perceber seu íntimo tão absolutamente que nada poderá fazer com que você não se reconheça.

A partir desse conhecimento interior profundo será possível discernir as mensagens da sua alma das que lhe vêm de um guia.

Você perceberá também, depois de tanto trabalho, que é pouco importante fazer essa distinção. Uma vez que um sábio tem uma alma tão cheia de sabedoria quanto um guia de alto nível, isso deveria incomodar pouco. Se o sábio fala com sua alma ou com um guia, o que interessa é o resultado das instruções que recebe, não a fonte delas, não é?

Ao avançar nas técnicas de canalização, através de exercícios e da persistência dedicada, será mais fácil perceber a real diferença existente entre os campos energéticos com os quais lidamos. A intuição poderá ajudar a afinar e harmonizar os veículos com os quais estabelecemos as percepções.

As mudanças na qualidade do trabalho mediúnico por si só vão esclarecendo e dissipando as dúvidas. A natureza das sensações físicas, pensamentos e mensagens que são recebidos passam a mudar conforme sua evolução se processa, e todo o trabalho começa a se acelerar, trazendo consigo a distinção. Você terá capacidade para saber distinguir entre alma e guia.

Confie em si. Dê tempo a você mesmo e tudo se esclarecerá.

2. O que é realmente importante perguntar aos guias

Você deve estar pensando: "Mais uma sabatina para meu guia. Assim nunca vou poder conversar com ele livremente..."

Nada disso! Aqui vamos apenas sugerir algumas questões de importância para seu progresso espiritual que podem ser respondidas pelo seu guia. Elas aqui estão para evitar que você perca tempo com assuntos de pouca importância, deixando que uma oportunidade, às vezes única, se perca.

Leia as perguntas, adapte, use ou recuse, mas considere os temas propostos como um caminho a mais, que pode, ou não, ser importante trilhar.

1. Se meu objetivo é sério, a resposta que receberei será do mesmo teor?
2. Há algum tipo de questão que devo evitar?
3. É importante conhecer o futuro?

4. O que são os pressentimentos? Eles vêm dos espíritos?
5. Por onde devo dirigir meus esforços evolutivos?
6. Qual o meu dom?
7. O que é importante para eu saber das minhas existências passadas?
8. Qual deveria ser a maior preocupação da humanidade nos dias atuais?
9. É possível viver um estado de real felicidade no mundo da matéria?
10. Como trazer mais luz à minha vida?
11. O nosso planeta faz parte de um plano criado por uma mente superior?
12. Há lugares melhores para o homem dentro do universo?
13. Qual deve ser meu principal propósito ao canalizar?
14. É possível alterar meu futuro?
15. O que é realmente importante para eu aprender nos relacionamentos de amor ou de amizade?
16. Posso ter algumas informações sobre meu karma?
17. Como posso servir à humanidade usando minha mediunidade?
18. Como posso expressar melhor o que penso?
19. Como adquirir paz interior?
20. Como viver em harmonia?
21. Como conseguir dominar emoções negativas?
22. Posso ter acesso a mais informações sobre capacidades que estão latentes, para poder trabalhar com elas?

23. É possível desenvolver mais criatividade?
24. Gostaria de um conselho para poder me relacionar melhor com... (diga o nome da pessoa).
25. Há alguma maneira para eu receber mais força dos espíritos da natureza?
26. Como trabalhar as experiências passadas negativas sem sentir mal-estar? Como esquecê-las?
27. O que fazer se ferir alguém com minha sinceridade?
28. Qual a importância da castidade?
29. Como controlar a ambição e evitar a ganância?
30. Como devo entender a agressão, a violência ou o furto cometidos contra mim?
31. Como alcançar a serenidade vivendo ativamente?
32. Minha fé pode ser manifestada mais corretamente do que tem sido até hoje?
33. Gostaria de praticar o desapego às coisas materiais. Você pode me ajudar?
34. Como entender uma antipatia sem motivo consciente por alguém?
35. Você tem alguma missão para me dar?
36. Podemos atuar em conjunto de alguma forma?
37. Meus estados emocionais em desequilíbrio o incomodam?
38. Como posso ajudar... (diga aqui o nome da pessoa)?
39. Existe no mundo espiritual alguma ameaça ao meu trabalho de canalização?
40. Há algum procedimento no meu trabalho de canalização que deve ser corrigido?

41. Há algum caminho, em particular, no contato espiritual ao qual eu deva me dedicar mais?
42. Gosto de consultar oráculos. Até onde devo me orientar por eles?
43. Como devemos julgar os outros?
44. Posso ter mais instruções sobre minha purificação?
45. Como aumentar e para onde direcionar minha fé?

Estas são algumas sugestões do tipo de pergunta que é esclarecedora e que se deve fazer a um espírito de alto nível. Certamente você terá outras, igualmente importantes, de natureza específica para seu estado evolutivo. Evite apenas perguntas vazias e aquelas cuja resposta você já sabe ou pode saber através do exercício do bom senso.

Quando estiver fazendo perguntas, anote-as e, depois, anote também a resposta obtida. Conforme a complexidade da pergunta, o espírito pode levar algum tempo para responder, vindo esta resposta mais tarde, noutro contato ou de outra forma, como em sonhos, por exemplo. Isso acontece porque ele poderá sentir necessidade de consultar suas fontes de orientação antes de se pronunciar.

3. Ver o futuro

Este espaço contém algumas considerações sobre a importância de conhecer o futuro e de como esta questão deve ser encarada pelo canalizador. Não vamos ensinar técnicas de previsão, nem isso poderia ser feito.

Quem vive no passado tem um presente obscurecido, pois não consegue percebê-lo plenamente. Mas quem vive pensando no futuro corre o risco de se descuidar do presente. Daí se conclui que viver o presente é o único modo de aproveitar cada dia intensamente.

O que é o futuro para você? Para mim ele é algo a ser construído dia a dia, de acordo com meu desejo. Não aceito que ninguém deva se submeter a uma situação sem pensar em modificá-la, caso tenha desejo de assim fazer.

Talvez você esteja pensando: "Como é que uma pessoa que faz leitura de cartas do Tarô, onde vai olhar o que está no futuro das pessoas, tem coragem de dizer isso?" Vou explicar.

Para mim qualquer meio de previsão do futuro só tem validade quando nos serve como uma arma para construir o destino. É desta maneira que atendo meus clientes.

Por exemplo, se eu estou abrindo um negócio e vejo nas cartas que está difícil dar certo, vou além na minha consulta, perguntando onde pode estar o problema. Não deixaria de abrir o negócio, apenas iria mais cautelosamente, afastando os problemas na área onde eu já sei que eles poderão ocorrer. Também poderia adiar um pouco os planos, esperando por um momento mais favorável. É desta forma que uma consulta às cartas, às runas ou a qualquer outro tipo de oráculo pode funcionar.

Há dois caminhos para se considerar com relação ao futuro: um envolve você e o que pretende criar ou fazer, o outro envolve as etapas a serem vividas até chegar ao objetivo traçado. Neste contexto o futuro é importante como projeção do presente. Isto é, o futuro interessa enquanto guia nossos passos no agora.

Um forte desejo, seguido de intenções sinceras, acompanhado da perseverança mental e do trabalho constante, só poderá dar resultados positivos. É o que se faz ou o que se deixa de fazer que acelera ou retarda nosso progresso. Tanto no mundo da matéria, como no mundo do espírito, só chega a um nível mais elevado quem sobe degrau por degrau, confiantemente indo buscar o que deseja.

> AO MUDAR O SEU INTERIOR, O HOMEM MUDA O SEU EXTERIOR.
> MUDANDO A SI MESMO, O HOMEM ALTERA O SEU FUTURO.
> O FUTURO É DETERMINADO PELO QUE SE DESEJA CRIAR.

Avalie bem essas três afirmações, considere-as cada vez que estiver numa situação que não lhe agrade e aja imediatamente. Você terá a noção do que eu quero dizer com relação a um futuro inexistente. Percebendo como o futuro pode ser alterado por comportamentos e ações, fica difícil acreditar que ele está escrito e não pode ser modificado.

A canalização é um trabalho espiritual de alto nível. Ela é muito importante para ser usada com o mero objetivo de prever o futuro. Se você tem vontade de canalizar espíritos para receber deles previsões e para ficar fazendo consultas, não será bem-sucedido. Um espírito de luz está pronto para colaborar em muitos assuntos, mas não vai se prestar à função de adivinho. Essa atitude é comum aos espíritos brincalhões e sem luz que se divertem em enganar aqueles que se deixam iludir.

Por outro lado, se durante suas atividades o guia tiver uma intuição ou acesso a algo que considere necessário levar ao seu conhecimento, ele o fará, ainda que não tenha sido solicitado. Ao receber uma advertência de um guia já conhecido e com o qual tem colaborado, esteja consciente de que existe a possibilidade de evitar o que está sendo anunciado.

Qualquer coisa relacionada com fatalidade, desgraça inevitável ou desestruturação deve ser bem investigada. Um guia irá avisar sobre aquilo que pode ser útil saber, ele não vai ser um arauto da desgraça, sem lhe dar instruções de como evitar o mal.

Há um exercício de canalização que trabalha com possibilidades futuras que podemos fazer quando já temos um guia. Ele serve não para prever o futuro, mas para nos guiar durante o presente. Vamos descrever a técnica. Fica a seu critério a necessidade de praticar.

Pratique as etapas da canalização que habitualmente usa, até conectar seu guia. Quando pronto, imagine um futuro da forma que considera perfeita, seja com metas materiais ou espirituais a serem alcançadas. Forme um padrão bem nítido do que quer, usando para isso, se possível, quadros mentais.

Quando estiver firme, com sua imagem do futuro bem estruturada na mente, comece a dizer em um tom de voz audível a palavra ATRAVÉS. Repita esta palavra várias vezes, lentamente. Em seguida, silencie e acalme sua mente.

Imagine agora um futuro que não vai além de uma semana. Mentalize seu guia, que deverá estar ao seu lado, como emissor de um raio de luz brilhante. Não imagine uma cor para esse raio, deixe que ele vá tomando a cor à medida que se forma. Estenda esse raio através do espaço e imagine-se indo dentro do raio para o futuro. Como o seu futuro está limitado a uma semana, vá passando por cada um dos dias, vendo o número do dia do mês como se estivesse escrito. Simultaneamente, enquanto trilha pelo raio e vai passando pelos dias da semana vindoura, vá repetindo de novo mentalmente a palavra ATRAVÉS.

Ao chegar ao final da semana, acalme sua mente, dissolva as imagens, relaxe e volte a repetir o exercício, agora viajando através do mês inteiro. Talvez ajude se tiver um calendário à frente. Não forme imagens mentais do que planeja fazer para alcançar metas. A única imagem deve ser o caminho formado pelo raio e seu suave transporte ATRAVÉS dele, dia a dia do mês.

Caso seus planos se estendam além de um mês, faça o mesmo para cada mês seguinte, não precisando imaginar um a um os dias de cada mês. Passe na sua trilha agora de mês em mês.

Terminando, agradeça a seu guia pela viagem ao futuro e pelas facilidades obtidas. Agradeça como se os objetivos já estivessem alcançados. Sinta-se feliz pelo que já existe realmente, bem estruturado, num dia por vir. Aguarde confiantemente.

A partir desse momento, viva o presente. Faça cada dia aquilo que é necessário, muito bem feito. Empenhe-se de corpo e alma em estar intensamente vivo dentro do momento. Interesse-se apenas pelo agora e dedique-se a ele com perseverança, alegria de viver e ânimo sempre renovado.

Dê também um pouco de atenção a toda espécie de pensamento que possa gerar dúvida quanto à sua capacidade ou merecimento em obter um futuro de luz. Dois grandes inimigos do homem na construção do seu destino são a falta de confiança interna e o sentimento de culpa. Diga sempre:

EU MEREÇO.
SOU CAPAZ.

Aqueles que colocam em atos passados uma força sobre o presente ficam com um peso nas costas que os impede de caminhar livremente. O passado construiu o presente, isso não pode ser negado, mas é o presente que se encarrega de nos trazer o futuro.

4. Ensinar canalização

Se até agora tudo que ensinamos foi bem absorvido, por que não é possível que você passe adiante seus conhecimentos? Tudo que nos faz bem deve ser dividido, por isso, quando estiver apto, você deve passar aos outros o que aprendeu. Faça isso emprestando seu livro, contando suas experiências, incentivando os amigos e pessoas próximas a praticarem a canalização.

Partilhe sempre; dessa forma você poderá aprender muito mais. Quando ensinamos, a nós vêm também, de forma ativa, mais e mais conhecimentos. Podemos aprender a ver algum outro modo de encarar uma questão, o que sempre é esclarecedor. Podemos receber mais material para ler e acrescentar conteúdo ao que conhecemos do assunto. Podemos ter sugestões de como alterar ou melhorar o nosso trabalho de canalização.

Nos cursos procuro aliar minhas preleções a uma ativa troca de idéias e discussão do que cada aluno já conhece sobre a canalização. Isto sempre me traz mais dados e motiva os alunos a aprenderem mais sobre vários assuntos que são importantes para melhorar o trabalho, como chakras, corpo astral ou corpo etérico, viagens fora do corpo, contatos com extraterrestres, por exemplo. Os temas trazidos à conversa acabam tendo ligação com a canalização e enriquecem até a quem está ensinando, pois não é possível saber tudo sobre um assunto.

Nos cursos sempre fazemos alguns exercícios leves, para ativar energias, centrando e alinhando a forma como ela flui no ambiente. Isso parece criar mais conexão dos que aprendem com o que estamos fazendo, despertando um sentimento de afeto entre os participantes do grupo.

Se você vai ensinar a alguém, sugiro que antes façam uma oração em conjunto, fazendo com que suas energias sejam aproveitadas em comum. Isso fortalecerá o objetivo e criará mais defesas pessoais.

Não se assuste, mas quando se vai ensinar canalização, sempre se movimentam energias contrárias, de seres sem luz, que aparecem das formas mais variadas, atrapalhando o trabalho. Não costumam acontecer fatos graves, pois existe do lado luminoso do mundo espiritual igual movimentação. Mas é comum alunos faltarem, esquecermos algum material importante, atrasarem a confecção das apostilas, o gravador não querer funcionar. São pequenos os problemas quando se está bem defendido.

Este curso, entre os que ministro, é o que sempre tem maior número de inscritos. A experiência me mostrou que posso sempre inscrever um número de alunos muito além da capacidade da sala, pois vários dos inscritos sofrerão impedimentos variados e depois ligarão muito incomodados, pedindo que os avisemos do próximo curso.

Num dos cursos que tive ocasião de ministrar numa cidade vizinha à que moro, não havia um entre os alunos que eu conhecesse anteriormente. Ao iniciar minha exposição, quando ainda estava me apresentando à turma, de repente, não enxergava mais nada. Sentia-me bem, perfeitamente lúcida, mas estava completamente sem visão. Soube imediatamente que estava sendo assediada por alguns espíritos negativos, mas me mantive calma e continuei falando sem que ninguém notasse meu problema. Estava consciente de que não poderia continuar dessa forma por muito tempo, pois precisava me movimentar e eu estava sobre um tablado alto.

Assim que terminei a apresentação, pedi que todos fechassem os olhos e limpassem o ambiente. Dirigi uma prece e invoquei o auxílio de uma aluna, cujo nome, que eu sabia estar entre os presentes, me veio à mente. Embora não soubesse dizer quem era, pedi a ela mais força, pois nesse instante dependia da sua energia, especialmente, o sucesso da nossa atividade. Aos poucos tudo se clareou e eu estava novamente enxergando. O nome dessa moça era Maria, a santa a quem entreguei minha vida muitos anos atrás. Mais tarde, quando nos conhecemos melhor, ela me contou que já era uma canalizadora experimentada, mas não sabia por que tinha sentido uma enorme vontade de assistir às aulas e de me conhecer. Esse relato demonstra que mesmo que energias tentem bloquear nossa missão, existem outras energias que são capazes de anular seu efeito, movimentando forças auxiliares.

As palavras de Jesus, sobre não entregar pérolas aos porcos, merecem consideração. Se estiver disposto a ensinar como canalizar, aconselho a esperar que venham até você os pedidos. É claro que você pode falar sobre o tema, contar como está sendo a experiência que vive, enfim, tudo que incentive a pessoa é válido, mas espere o pedido para ensinar.

Para facilitar, sugiro um roteiro para quem vai ensinar canalização. Ele deve ser adaptado e modificado durante o aprendizado, pois cada pessoa e grupo tem seu ritmo próprio.

Roteiro básico:

1. Preparar sempre o ambiente onde se vai trabalhar, pelo menos meia hora antes. Testar aparelhos, luz e toda a estrutura do local (carteiras, material, pessoal de apoio, etc.).

2. Procurar já no início, se é um grupo, perceber duas ou três pessoas mais iluminadas ou mais experientes no trato com as coisas do espírito para servirem de "aliadas", caso algum problema surja. Essas pessoas podem ser chamadas a colaborar e não precisam ser avisadas de sua função. Na hora, elas saberão exatamente o que fazer. Confie. Sempre vêm essas pessoas ao curso.

3. Antes de chegarem os alunos, canalize seu guia ou invoque um protedor e um guardião para o ambiente. Acenda incenso e tenha

um recipiente com água. Tenha vela à mão e, caso necessite de mais um apoio, de repente, invoque um arcanjo.

4. Inicie pedindo para que cada um conte resumidamente por que deseja fazer o curso e quais suas experiências anteriores.

5. Fale sobre o que é canalização, quais são os tipos de guias, como podem acontecer os contatos, ensine a fazer um diário. Esclareça as dúvidas à medida que surgirem, mas, se o grupo é calado, use os tópicos do capítulo do livro que trata sobre medos e dúvidas para um debate e logo todos começarão a se manifestar.

6. Descreva como deve ser a preparação do corpo físico.

7. Descreva como deve ser a preparação do corpo espiritual.

8. Ensine apenas dois ou, no máximo, três exercícios preparatórios. A pessoa deve ter pelo menos mais de uma opção para poder começar, mas muita variedade vai confundi-la. Mais tarde, ela poderá ler sobre outras técnicas.

9. Marque um contato posterior, individual, para passar as técnicas mais avançadas, o que deve ser feito em duas ou três etapas, seguindo o progresso relatado pelo aluno. Outra opção é indicar este livro como fonte de mais exercícios.

10. Fale sobre os anjos, os espíritos da natureza, os ancestrais e desencarnados queridos, obsessão, a questão das predições. Esses temas serão abordados na medida do possível, de acordo com o tempo que houver.

11. Dê uma bibliografia básica para que a pessoa possa se desenvolver depois. Sugiro não deixar de fora dessa bibliografia: *O Livro dos Espíritos* e *O Livro dos Médiuns*, de Allan Kardec, livros básicos e onde sempre se podem esclarecer dúvidas.

12. Encerre sempre suas aulas com um agradecimento pela oportunidade que teve de partilhar seus poucos conhecimentos.

Todo ser humano tem interesse pelo seu crescimento e pelo seu autodesenvolvimento. Cada vez mais pessoas buscam campo de aprendizado em livros, seminários, cursos. Mesmo aqueles que não pretendem fazer da canalização uma forma de prática pessoal, vão achar interessante aprender suas técnicas. Alguns alunos que não quiseram canalizar contaram-me que passaram a receber mensagens em sonhos ou a ouvir vozes interiores depois de se interessarem pelo assunto. Isso aconteceu porque sua mediunidade foi trabalhada de forma correta e se formou um canal onde o espírito-guia pôde passar a se expressar tranqüilamente.

Seja, contudo, cuidadoso ao ensinar canalização a um certo tipo de pessoas. Não devem aprender a canalizar pessoas em crises matrimoniais ou existenciais, nem com obsessão espiritual, nem com distúrbios mentais, nem viciados, nem aqueles que tomam (mesmo que com orientação médica) drogas fortes. Essas pessoas podem piorar ou aumentar seus problemas com a canalização. Essa cautela é mais para os períodos em que existe a contra-indicação. Mais tarde, mudando a atitude, não haverá problemas.

5. *Os dons*

Um dom é uma missão. Cada vez que um ser humano entra em contato com seu dom, torna-se consciente de que tem algo a fazer por seu semelhante e, a partir desse momento, ele passa a ser guiado por Deus, que espera dele dedicação e abnegação na sua entrega.

Não é fácil cumprir a missão, mas certamente os que o fazem viverão alegrias jamais alcançadas pelos que se deixam levar pelo comodismo e usam suas capacidades apenas em seu próprio proveito.

Para mim, um músico tem um dom, o pintor também. O médico recebeu seu dom, assim como o escritor. O poeta recebeu o dom maior de falar com Deus na sua própria língua, que é a do coração.

Mas, e as outras pessoas, os homens comuns, não possuem dons? Claro que sim. Todo ser humano tem um dom a descobrir, uma qualidade guardada e sufocada. Às vezes essa qualidade é reprimida por uma educação repressora, às vezes pela autocensura. Muitas vezes a manifestação do dom espera por uma maior evolução do espírito para surgir. Deus pode negar um determinado dom, mas Ele sempre permite que você goze de outro.

A faculdade conferida por um dom não depende de nós pessoalmente, por isso, devemos nos alertar para a necessidade constante de exercitar a humildade e a modéstia. Não se julgue melhor do que os outros ao entrar em contato com seu dom, pois sua faculdade não depende de você: ela veio diretamente de Deus, que é o único capaz de dar a quem merece e de tirar daquele que não fez juz ao presente divino.

Um dom não é dado para que com ele a pessoa se divirta. É válido se alegrar e festejar nossas capacidades, mas, num segundo momento, pare para refletir. Pense e descubra o motivo pelo qual recebeu esse dom e ore para saber o que deverá fazer com ele. Peça que, da mesma forma como o seu dom lhe foi mostrado, o caminho para sua manifestação precisa ser indicado a você. De nada vale um dom se ele é mal-aproveitado.

Você pode aproveitar de maneira perfeita ou imperfeita seu dom. Aproveita de modo errado seu dom quem sente orgulho, quem é egoísta e não distribui quando pode seu dom, quem apenas se interessa em recompensa material pela sua faculdade especial, quem se deixa levar pela ambição, quem sente inveja do dom alheio, aquele que não admite crítica ao seu trabalho espiritual. Da mesma forma erram os que de má-fé dizem possuir dons que não têm, os que levianamente usam seu dom como passatempo e os que, apesar de possuírem o dom, não cumprem sua missão.

Um dom é bem-aproveitado quando é usado apenas para o bem, quando é de alguma forma útil para os semelhantes. Trabalhar um dom no sentido de crescer espiritualmente e ajudar aos menos esclarecidos a evoluir igualmente: esta é a forma de manifestar plenamente um dom. A humanidade só vai sair desse estágio de dificuldades como um todo, por isso, muito se engana quem acha que fazendo por si já faz muito. Nada disso, toda sua descendência ficará condenada a sofrer e expiar pecados da humanidade. Ajude a cada pessoa quando a ocasião assim o permitir. Você não precisa se tornar um profeta para colaborar com os outros homens.

Um dia, quando estacionei o meu carro em frente ao banco, um menino de mais ou menos dez anos assobiou de longe para mim, sinalizando se eu queria que ele cuidasse do carro. Fingi que não via, para obrigá-lo a se aproximar de mim. Quando ele chegou perto e me perguntou, eu disse que poderia olhar o carro, mas que não é educado se abordar uma senhora na rua dessa forma, com assobios e gritos. Ensinei que um homem bem-educado chega perto, pede licença para falar com a pessoa e depois diz que quer cuidar do carro. Falei que assim é mais simpático e que as mulheres iriam dar mais valor a ele como uma pessoa de respeito. Achei que ele nem tinha ligado, mas eu fiz minha obrigação.

Passaram-se alguns dias e eu precisei retornar ao banco. O menino estava lá. Ao me ver, aproximou-se, pediu licença e, educadamente, como eu havia ensinado, perguntou se poderia cuidar do carro. Quando eu voltei, elogiei sua atitude e ele disse que agora era assim que estava fazendo. Disse também que os outros meninos riam dele, mas o estavam imitando, depois que viram que ele era muito mais bem-remunerado pelo seu "serviço" que eles.

Dá resultado perder um pouco de tempo com nosso semelhante, dá resultado usar o que recebemos de Deus. Poderia ser eu a estar ali pedindo para guardar o carro. Poderia ser eu, que estimulada a falar melhor e a tratar melhor o outro, sentisse mais valor em mim como ser humano.

Quando uma pessoa, qualquer uma, sente que você se preocupa com ela, sente que, mesmo de uma forma mínima, alguém nesse mundo lhe dá atenção e deseja que ela melhore, essa pessoa retribui e sua vida evolui um pouquinho mais, tanto na matéria como no espírito. Colaborar nessa evolução é uma maneira de cumprir sua missão, dar expansão ao seu dom.

Consideram-se nove os dons, segundo São Paulo:

1. a palavra da sabedoria
2. a palavra do conhecimento
3. a fé
4. a cura
5. a operação de milagres
6. a profecia
7. a conversa com os espíritos
8. as línguas
9. a capacidade de interpretação

Já no novo Catecismo da Igreja Católica, lemos que a vida moral dos cristãos é sustentada pelos dons do Espírito Santo, que são em número de sete:

1. sabedoria
2. inteligência
3. conselho
4. fortaleza
5. ciência
6. piedade
7. temor de Deus

Você pode entrar em contato com seu dom através da canalização. Durante seus contatos com seu guia, peça insistentemente que lhe seja facilitada a percepção de seu dom, que ele se manifeste em você assim que esteja preparado para cumprir sua missão. Rogue pela capacidade de bem utilizá-lo, peça que nunca lhe falte ajuda e orientação do mundo espiritual para sua tarefa.

Tenho certeza de que seu trabalho é importante para a humanidade e pessoalmente agradeço a Deus pela oportunidade de haver contribuído um pouquinho como instrumento para sua manifestação. Obrigada.

6. *É importante não ter expectativas*

Durante toda nossa dissertação tomamos o cuidado de resguardar os que pretendem seguir o caminho indicado neste livro para canalizar. Alertamos contra os danos que uma inadequada preparação pode gerar. Mostramos que os objetivos devem ser corretos e que nada no mundo espiritual incentiva o uso da canalização para exclusivo proveito próprio.

É preciso agora uma palavra a respeito das expectativas daquele que vai se iniciar nesse caminho, seja como aprendizado, seja como experiência ou até mesmo como dedicação total.

As idéias do que pode ou não acontecer devem ser bem analisadas, para que o trabalho corra em paz e traga felicidade. Esperar muito e receber pouco pode desestimular.

Considere desde o início que só receberá aquilo que merecer e que apenas terá o que lhe é permitido no momento. Nós mudamos diariamente, continuamente refazemos nossa personalidade. Isso é normal. Se hoje não temos o dom de nos comunicar com os espíritos, amanhã isso pode nos ser facultado.

Não atrapalhe seu progresso com fantasias que só poderão gerar frustrações. Mantenha suas expectativas num nível real, analisando cada resultado como uma experiência a mais.

Sinta-se satisfeito pela oportunidade de se exercitar, mas não crie projetos de como vai acontecer isso ou aquilo. A sua atividade de canalização é dirigida pelo mundo espiritual e seguirá um rumo por ele determinado.

Os esforços feitos no sentido de se transformar e de modificar o corpo espiritual trarão certamente algum resultado. Você terá um crescimento efetivo, ainda que não possa avaliar de imediato.

Também pode acontecer que o ritmo da sua evolução apresente inconstância. Num dia consegue canalizar, e depois passa várias vezes sem resultados. Cada parada significa que é hora de reavaliar o que foi feito até então. Não se perturbe com isso. Em geral as dificuldades e as perturbações precedem um período de maior capacidade. Só o que nos é difícil é que traz um crescimento.

Agradeça constantemente, reformule sua atividade sempre que necessário, elimine maus hábitos e cultive novos. Mas, principalmente, não seja exigente demais. Dê lugar a uma complacência consigo mesmo. Exiga o máximo das suas capacidades, mas também saiba reconhecer suas deficiências.

No início evite falar com outras pessoas sobre o que está fazendo. Isso serve como forma de prevenir palpites, além de evitar interferências. Calar impede que outras energias sejam ativadas no sentido de dissipar as poucas que você, como iniciante, tenta colocar em movimento.

Quando quiser conversar, procure fazer isso com um médium ou canalizador. Ele já teve as mesmas dúvidas e passou por semelhantes problemas e terá mais sintonia com você, podendo haver uma troca de idéias que enriqueça seu trabalho.

Dizem que o mestre chega quando o aluno está pronto. Assim é também com a canalização. Os guias chegam na hora em que estamos prontos para receber suas mensagens. Antes disso, só podemos trabalhar e evoluir até merecer o contato.

Você não tem que provar nada a ninguém, nem a si mesmo precisa mostrar que é capaz. O dom não lhe pertence, ele independe de seu desejo. Use sua verdade interior para orientar a atividade de canalização. Assim, quando for progredindo, nada será pouco para você. Cada passo significará um avanço.

Uma aluna me contou, numa sessão de reavaliação, que antes de fazer o curso queria aprender a canalizar para poder surpreender os outros com manifestações do mundo espiritual. Ela tinha desde muito jovem algumas manifestações mediúnicas, mas não podia provar à sua família que via o que via, que ouvia o que ouvia. Isso a deixava muito desgostosa, pois era motivo de zombaria. Ela pensava que os efeitos físicos seriam uma maneira de fazer com que seus parentes aceitassem sua mediunidade. Com orientação, esse desejo de mostrar sua capacidade foi eliminado, pois ela compreendeu que sua motivação deveria ser outra, muito diferente. Ela precisou também não se importar com a opinião daqueles que ama, dedicando-se a uma causa da qual eles não podem partilhar. Hoje ela trabalha num centro espírita, em Vitória, onde usa seu dom de falar com os desencarnados em benefício dos que sofrem. Sua família ainda acha que ela acredita em fantasmas, só que agora isso não a incomoda mais.

Aproveite a leitura de nossas considerações sobre as expectativas que o canalizador tem, para fazer uma avaliação das suas. Veja como está trabalhando e por que faz isso. Se estiver em dúvida, procure ler mais e conversar com alguém com experiência. Caso não possa encontrar orientação no mundo físico, peça-a ao mundo espiritual, que certamente vai poder ajudá-lo.

XXI

Os problemas mais comuns

Vamos falar de alguns problemas que costumam afligir mais comumente os canalizadores. São situações que costumam acontecer ao iniciante, mas que também podem vir para incomodar um experiente canal. Talvez seja interessante saber quais obstáculos naturais poderão desviá-lo da atividade à qual se propõe, podendo contorná-los com mais facilidade, pois temos algumas sugestões de como esses transtornos podem ser diminuídos.

O modo correto de afastar os problemas é ter sobre sua influência um completo conhecimento, percebendo de imediato sua possibilidade de ocorrer. Assim fazendo, você não chega a deixar que a situação se instale e produza seus efeitos. Estar alerta é a melhor saída.

Uma atitude de constante avaliação e percepção íntima faz parte da prevenção dos problemas. Quando somos capazes de perceber qualquer modificação comportamental, temos também uma arma de defesa a usar.

A mente inquieta

Sem dúvida esta é a maior inimiga da atividade bem-desenvolvida. A excitação da mente impede um nível de concentração que permite canalizar. Você não consegue manter sua atenção no que está fazendo, seus pensamentos vagam sem controle, você se distrai com facilidade, esquecendo o que estava fazendo. O devaneio é um hábito que toda pessoa tem. Deixado livre, ele acaba se tornando um hábito descontrolado.

A mente inquieta é superficial, ela vai passando pelos mais variados assuntos, recorda-se de acontecimentos passados ou fica envolvida em projetos.

A primeira providência para tranqüilizar sua mente é perceber seu estado de inquietude e analisar a futilidade ou inutilidade dos pensamentos que porventura estão surgindo.

Como técnica, gosto pessoalmente dos exercícios respiratórios, pois, concentrando-se totalmente na respiração, com a contagem dos movimentos respiratórios inclusive, sua mente irá aos poucos se acalmando. Vá respirando e, cada vez que o pensamento começar a escapar, volte sua atenção para o que está fazendo, isto é, fique pensando apenas na sua respiração. Dê toda atenção possível ao ato de respirar, fixe sua percepção plenamente nos movimentos, na contagem do tempo que gasta para inspirar e expirar. Sinta o ar entrando e saindo de seu corpo. Se conhece exercícios respiratórios, pratique-os quando sentir a mente muito agitada.

Outra maneira é usar um foco de concentração que preencha sua mente, como um desenho de uma mandala. Cada vez que o pensamento se dispersar, dedique-se a fixar bem o desenho, seguindo seus contornos, observando suas cores. Procure pensar apenas no que está olhando, sem criar conceitos sobre o que vê. Aos poucos sua mente se tornará mais tranqüila.

Alguns textos de filosofia, lidos antes dos exercícios, possuem a capacidade de tranqüilizar a mente, pois contêm ensinamentos sábios e completos, não deixando muito espaço para divagações. Particularmente gosto dos textos budistas e tibetanos para este objetivo.

Uma mente inquieta não permite a canalização, por isso aprenda a disciplinar a sua. Com o tempo, através da experimentação, você achará a sua maneira mais efetiva de conseguir o controle perfeito. Esse controle fará com que você, além de sentir mais facilidade para canalizar, possa também obter benefícios em todas as suas atividades mentais.

O sono

Outras pessoas têm o problema oposto ao excitamento mental, que é o relaxamento total, o que acaba gerando um estado de sonolência muito prejudicial a quem tenta canalizar.

Entre as causas da sonolência está o cansaço físico depois da prática esportiva exagerada e o desgaste sofrido por excesso de trabalho. Isso é o sintoma das pessoas que têm um dia cheio e deixam para canalizar à noite. Neste caso, é preferível dormir e acordar bem cedinho para canalizar.

A postura também pode causar sono. Deitar e fechar os olhos está contra-indicado como postura para quem quer canalizar. Mesmo a posição sentada pode ocasionar relaxamento excessivo, gerando sono. É preciso sentar-se em postura ereta, com a cabeça levemente inclinada para a frente.

Se sua tendência é para sentir sono, evite deixar o ambiente às escuras; ao contrário, ilumine bem o aposento onde está. Dirija a luz para você, de modo que isso alegre e ative suas energias.

Quando surge sonolência no início da atividade, tente de todas as maneiras afastá-la, mas se não estiver conseguindo, deixe o exercício para outra hora. Aja da mesma forma se surgir sono durante a atividade. O sono costuma ser um recurso de espíritos sem luz para nublar a mente e prejudicar nosso trabalho. Insistir em canalizar nesse estado pode ser, inclusive, perigoso.

Falta de perseverança

Alguns alunos, na reavaliação que habitualmente fazemos, relatam desânimo para continuar depois de algum tempo sem receber nenhum sinal efetivo de que estão evoluindo. Perdem a fé no que estão fazendo e começam a espaçar os exercícios e, no fim, os abandonam de vez.

Não é fácil para algumas pessoas despertar sua mediunidade, principalmente se fatores da sua educação ou karma estão atuando contra essa intenção.

Sabemos que mesmo quando os resultados dos exercícios não são evidentes existe progresso. Para alguns o processo é mais lento e gradual que para outros, mas ele existe sim.

Seu esforço em entender e controlar o processo trará resultados, mas, se desistir, nunca saberá até onde poderia chegar.

Contra o desânimo costumo sugerir uma canalização voltada para o arcanjo Raphael, pois ele governa as aprendizagens e dará algum impulso estimulante.

Tensão ou dores físicas

É comum acontecer que a mente esteja bem tranqüila e o corpo não esteja em harmonia com ela. A tensão atrapalha os exercícios, causando desconforto físico, como dores nas costas e pernas. Essas são manifestações que atribuo na maior parte das vezes a assédios negativos, por atuação de espíritos sem luz. As dores também podem ser classificadas dessa forma, pois dores de cabeça e distúrbios estomacais ou intestinais são problemas comuns aos médiuns, que surgem sem causa e desaparecem sem explicação.

A tensão pode ser eliminada com um bom relaxamento antes da atividade, usando música e, quando possível, massagem.

As dores devem desaparecer com uma oração de proteção e uma visualização de luz branca. Imagine que essa luz, que se inicia como um raio no alto da cabeça, inunda seu corpo até penetrar depois pelo chakra na base dos pés. Ela vai limpando os canais condutores de energia, até chegar de novo ao alto, de onde retorna e termina penetrando na terra, levando para o solo os males.

A Yoga tem uma maneira de lidar com a dor considerando-a

uma sensação, uma manifestação energética sem existência real, produto da mente apenas. O praticante dedica-se a observar a dor, tentando superar o medo que ela provoca e capacitando-se a controlar as reações físicas provocadas pela sensação dolorosa. Esse é um método que exige mais tempo e algum conhecimento de Yoga mental para produzir resultados, mas pode ser um caminho a mais.

Arrepios e visões que assustam

Os seres sem luz podem gerar sensações estranhas e provocar algumas situações de susto. As imagens assim provocadas são mera ilusão, causando apenas reações normais de medo. Você poderá ver, por exemplo, uma aranha no seu braço, bem no momento que está num ótimo estado de concentração. Você tira a aranha com uma sacudida, mas ela desaparece, sem cair no chão. Aí você já perdeu a concentração e tem que recomeçar, sem saber se vai alcançar o estado onde se encontrava anteriormente.

Esse tipo de perturbação deve ser bem observado e, se persistir, mesmo com orações e pedidos de proteção, pode ser afastado com alguns passes de um médium preparado. É o mesmo tipo de assédio que provoca sonhos ruins e pesadelos nas crianças, tudo muito fácil de ser eliminado.

Caso essas manifestações aumentem, não hesite em buscar auxílio, mas o mais comum é que elas apenas se repitam algumas vezes e depois acabem por desaparecer se forem pouco consideradas.

Ambiente hostil

Você já entrou numa sala e sentiu que ela o rejeita? Alguns ambientes podem nos causar essa sensação. Se isso acontecer no lugar que escolheu para canalizar, desista antes de começar, pois ali seu trabalho será mais difícil.

Se acontecer, por outro lado, que os assédios se manifestem com perturbações no ambiente onde está, aí é o caso de fazer uma limpeza. Use velas e incenso para tirar as más energias que estejam transitando pela casa. Também pode ser usado um recurso da magia: uma cebola descascada e cortada em pedaços, assim como alho, são considerados eficientes para limpar ambientes.

Em casos mais críticos, peça a um padre que venha benzer a casa, pois assim uma energia ali instalada não vai ter como permanecer atuante.

XXII

Santuário interior

Para terminar, vou descrever uma última técnica, que será a maior arma para sua luta espiritual. Esse recurso permitirá, com o uso da visualização criativa, que você erga um templo em seu interior, onde encontrará um refúgio seguro para todos os momentos.

Esse lugar, que chamaremos de santuário interior, estará sempre preparado para receber sua devoção a Deus, seja qual for sua religião. Lá você vai se reabastecer de luz, incinerar seu ego, purificar sua mente, aperfeiçoar seus atos.

Um lugar assim não se constrói de repente, ele deve ser erguido aos poucos, com muito capricho e através de escolhas sensatas. As etapas para a construção estão enumeradas, mas a maneira de fazê-lo será só sua.

Seja um competente arquiteto, deixe tudo pronto e depois trabalhe com sua mente de modo a poder ir rapidamente a esse refúgio, sempre que isso seja necessário. Lá serão guardadas suas armas e convém poder buscá-las depressa quando precisar.

O exercício de criação está estruturado para se desenvolver em cinco sessões, onde, de início, você procederá como faz nas preparações de qualquer atividade normal de canalização: oração, invocação e concentração. A partir de um bom estado de concentração energética, dedique-se à construção mental do seu santuário.

PRIMEIRA ETAPA

Nesta etapa você vai encontrar o ambiente onde seu santuário será erguido. Cada pessoa faz, a partir da concentração, uma visualização, que muitas vezes é sugerida por seu guia. Há os mais variados tipos de lugares para se erigir o refúgio. Ele pode ser à beira da praia, no alto de uma montanha, perto de uma cachoeira, num cantinho de sua casa ou escritório, numa construção já existente, debaixo das árvores do seu quintal.

O lugar não importa, essa é uma escolha totalmente pessoal. Nesta fase da construção o importante é visualizar bem esse local e ser capaz de ir e voltar mentalmente a ele bem rápido. Estes são os objetivos básicos desta etapa:

1. encontrar o lugar onde vai construir o santuário;
2. saber reconhecer mentalmente sua aparência;
3. aprender a ir lá e a voltar rapidamente de lá.

SEGUNDA ETAPA

A segunda tarefa é erguer o edifício que vai abrigar o altar. Aqui também pode ser qualquer um o tipo de estrutura escolhido para a construção. Uma pirâmide, uma praça com coreto, apenas um tablado, uma barraca, um templo tibetano ou indiano, uma casa antiga, um castelo francês: esses são alguns exemplos do que já me contaram terem feito. Você também saberá fazer sua construção adequadamente. Os objetivos básicos desta etapa são:

1. construir um edifício, o templo onde se instalará o altar;
2. aprender a reconhecer e retornar rapidamente ao lugar.

TERCEIRA ETAPA

Como terceira parte da estruturação do seu santuário, você vai colocar na sua construção um altar. Procure fazer esse altar sem que ele se pareça com nada que já viu, por isso não vou sequer dar exemplos, para que isso não interfira na sua criação. Apenas lembro que no altar deverá haver espaço para que se coloquem objetos rituais, que serão usados com função ritualística. O objetivo desta etapa é:

1. instalação do altar.

QUARTA ETAPA

Esta é a mais importante etapa, pois aqui você deverá dispor no altar seus objetos de poder. Primeiro, localize mentalmente onde nasce o Sol e veja em seu altar qual é a posição Leste. Nesta posição você vai colocar uma flor e uma lança, símbolos do elemento ar. Localize a seguir o Sul e instale ali incenso e espada, para simbolizar o elemento fogo. Na direção Oeste, localização correspondente ao elemento água, serão colocados o vinho e o escudo. Por fim, coloque na posição Norte o pão e o arco, seus símbolos. Imagine que faz essa arrumação na ordem em que foi exposta, iniciando pelo Leste e terminando ao Norte. Este detalhe é importante. Nesta etapa os objetivos são:

1. orientar-se no altar, localizando os pontos cardeais;
2. posicionar a Leste os objetos de poder: flor e lança;
3. colocar no Sul incenso e espada;
4. no Oeste deverão ficar o vinho e o escudo;
5. ao Norte serão posicionados o pão e o arco.

QUINTA ETAPA

Esta fase vai ativar as energias, concedendo a você o favorecimento dos espíritos que são ligados aos quatro elementos. Cada vez que necessitar de uma defesa ou proteção, bem como quando quiser mais energia ou impulso, você deverá retornar ao seu santuário e invocar um dos quatro elementos, dizendo o que precisa.

Para ativar as energias inicialmente, retorne dessa vez ao seu santuário e ofereça a Deus um presente (flor, incenso, vinho ou pão) e empunhe a arma (lança, espada, escudo e arco). Faça isso para cada um dos pontos cardeais, na mesma seqüência usada para depositá-los (descrita na quarta etapa). Ao ofertar, mentalize que segura a oferta com as duas mãos e depois ergue-a acima da cabeça, com os braços estendidos. Volte, deposite a oferenda no altar, em seu lugar, e pegue a arma, repetindo o gesto. Ao terminar, todos os oito objetos estarão cumprindo sua função e a qualquer momento poderão ser utilizados. Cada um serve para um assunto:

FLOR – traz leveza, liberdade, amor sincero.
LANÇA – atinge o objetivo, dá independência e leva longe.
INCENSO – queima o karma, elimina más energias, consome o mal.
ESPADA – defende dos inimigos, faz vencer as lutas.
VINHO – dá intuição e sensibilidade, descobre o oculto.
ESCUDO – defende e afasta a maldade, devolve a saúde.
PÃO – alimenta, supre as necessidades materiais da vida.
ARCO – ajuda a alcançar uma meta, traz a prosperidade.

Talvez você ache interessante saber que esse exercício está baseado nos conhecimentos legados pelos celtas aos druidas. Esses conhecimentos, tão antigos, ainda são conservados vivos em vários lugares da Inglaterra, Irlanda e Escócia, bem como nos Estados Unidos, onde tivemos oportunidade de recebê-los.

Os objetivos da quinta etapa são:

1. fazer a oferta e ativar a arma de cada um dos elementos;
2. a Leste oferte flor e ative os poderes da lança;
3. ao Sul oferte incenso e ative os poderes da espada;
4. a Oeste ofereça vinho e ative os poderes do escudo;
5. ao Norte ofereça pão e ative os poderes do arco.

Ao erigir seu santuário interior, são necessárias sempre essas cinco etapas: a escolha do local, a construção do templo, a instalação do altar, o depósito das oferendas e armas, a ativação das energias. Caso você não aprecie fazê-lo da forma como sugerimos, poderá usar outra tradição antiga como base para sua mentalização. O santuário assim construído terá o mesmo poder e valor, sendo útil em diversos momentos.

UMA PARCELA DE DEUS

Celina Fioravanti

Dedicado aos pais e mães e, em geral, a todos os que têm a responsabilidade de educar uma criança, *Uma Parcela de Deus* faz uma análise muito clara dos conceitos espirituais básicos que estão ligados ao nascimento de um filho numa determinada família.

As famílias espirituais, as famílias carnais, o modo como um espírito se prepara para encarnar, o aborto, as vidas sucessivas, a origem dos problemas que surgem no relacionamento entre pais e filhos são alguns dos temas amplamente analisados na primeira parte do livro.

Na segunda parte, a autora discorre mais especificamente sobre a gestação, colocando como preocupação principal a ligação entre mãe e filho e propondo modos para reforçá-la com exercícios de visualização e outras técnicas.

A terceira parte trata dos aspectos morais e do papel da fé na educação dos filhos, pois a defesa espiritual dos filhos está entre as principais obrigações dos pais.

Enfim, todos os aspectos da relação entre pais e filhos, mesmo quando estes sofrem de algum tipo de deficiência ou, ao contrário, nascem para desempenhar uma missão especial, recebem a atenção da autora, para quem a educação de um filho engrandece os pais e dá-lhes a oportunidade de evoluir como entidade espiritual.

* * *

De Celina Fioravanti a Editora Pensamento publicou *Causas Espirituais da Depressão*, *Contatos com Guias Espirituais*, *A Cura pelos Fluidos* e *Os Curadores do Espírito*.

EDITORA PENSAMENTO

OS CURADORES DO ESPÍRITO

Celina Fioravanti

Ninguém nasce sem um objetivo. Nenhum ser vem ao mundo sem uma tarefa a cumprir. Todos têm assuntos a tratar aqui, e o sucesso ou o fracasso das tentativas que fazem para evoluir dependem justamente da sua dedicação e esforço durante a vida.

O objetivo do nascimento do espírito num corpo físico é trabalhar para alcançar a perfeição. Esse trabalho pode ser realizado através da expiação ou de uma missão previamente escolhida.

Há, porém, um grupo de pessoas que abriga no seu espírito algo mais que a simples necessidade de progredir. Essas pessoas nasceram para influenciar positivamente os que as procuram usando de uma habilidade especial, em geral ligada às artes, aos esportes, ao ensino, ao cuidado com a saúde ou à religião. Sua dedicação à tarefa que escolheram é tanta que, às vezes, elas se esquecem de cuidar de si próprias, criando para si mesmas situações desagradáveis que precisam aprender a evitar.

É a essas pessoas — artistas, pintores, poetas, compositores, esportistas, cientistas, astrólogos, fisioterapeutas, médiuns, sacerdotes, professores, etc. — que Celina Fioravanti dedica este livro.

A autora de *Contato com Guias Espirituais* ensina-nos agora a avaliar devidamente o trabalho desses seres iluminados, encarregados de uma tarefa especial, a de limpar o karma da humanidade num mundo cada vez mais necessitado de beleza, de alegria, de reflexão e de bem-estar físico e espiritual.

EDITORA PENSAMENTO

Outras obras da autora:

CAUSAS ESPIRITUAIS DA DEPRESSÃO

COMO ENFRENTAR SITUAÇÕES DE PERDA

A CURA PELOS FLUIDOS

A FUNÇÃO ESPIRITUAL DO TRABALHO

KARMA: A ORIGEM DA DOR

A ORAÇÃO VIVA

AS VÁRIAS ENCARNAÇÕES DE UMA ALMA

Outras obras de interesse:

ANJOS – ESPÍRITOS PROTETORES
Penny McLean

CONTATOS COM O ANJO DA GUARDA
Penny McLean

NOSSOS GUIAS ESPIRITUAIS
Penny McLean

OS ANJOS – Guardiães da Esperança
Terry Lynn Taylor

ANJOS – Mensageiros da Luz
Terry Lynn Taylor

A COMUNICAÇÃO COM OS ANJOS E OS DEVAS
Dorothy Maclean

O REINO DOS DEUSES
Geoffrey Hodson

A FRATERNIDADE DE ANJOS E DE HOMENS
Geoffrey Hodson

MEDITANDO COM OS ANJOS
Texto: *Sônia Café*
Ilustrações: *Neide Innecco*

NOSSA LIGAÇÃO COM AS ENERGIAS SUPERIORES
Sara Marriott

DESCUBRA E USE SUA FORÇA INTERIOR
Emmet Fox

PONTE DE LUZ – Instruções Práticas para a Transformação Espiritual
LaUna Huffines

RAIOS DE LUZ ESPIRITUAL
Francisco V. Lorenz

VIVENDO NA LUZ
Shakti Gawain e *Laurel King*